# RECETTES D'AILLEURS 100% locales !

terre vivante

Depuis 1979, la Scop Terre vivante vous fait partager ses expériences en matière d'écologie pratique : jardinage bio, habitat écologique, alimentation saine, bien-être, consommation responsable, etc. à travers :

- l'édition de livres pratiques ;
- le magazine *4 saisons* ;
- des jardins écologiques proposant des stages pratiques ;
- un site Internet **terrevivante.org**

Livre éco-conçu

Terre vivante a réalisé en 2010 la première analyse du cycle de vie (ACV) d'un livre en France. Cette étude nous a permis d'identifier les impacts de la fabrication d'un livre sur l'environnement, dans l'objectif de les limiter. Pour en savoir plus : *Fabriquer des livres, quels impacts sur l'environnement ?* sur www.terrevivante.org

Le papier choisi pour cet ouvrage est issu de pâte vierge produite écologiquement en Europe à partir de forêts gérées durablement.

Ce livre est de plus imprimé en France, par un imprimeur soucieux de préserver l'environnement à travers des actions d'économie d'énergie, de valorisation des déchets, d'utilisation de produits moins nocifs pour la santé des travailleurs…

**Le catalogue des ouvrages publiés par Terre vivante est disponible sur simple demande et sur Internet.**

**Terre vivante**
Domaine de Raud, 38710 Mens
Tél. 04 76 34 80 80
info@terrevivante.org
www. terrevivante.org

Direction éditoriale : Brigitte Michaud
Coordination éditoriale : Fabienne Vaslet
Suivi de projet : Omar Mahdi
Création graphique et couverture : David Cosson (dazibaocom.com)
Réalisation intérieure : Marie Housseau
Fabrication : Marie Décamps
Photogravure : C'Limage

ISBN : 978-2-36098-501-2

# RECETTES D'AILLEURS 100 % locales !

Amandine GEERS
et Olivier DEGORCE

CUISINEZ
ARACHIDE,
CHAYOTTE,
PATATE DOUCE,
KIWANO,
GOMBO, SHISO,
TOMATILLE...

terre vivante

# SOMMAIRE

# Avant-propos

Les recettes exotiques sont l'expression de traditions locales et reflètent des environnements et des climats variés. Elles constituent le meilleur moyen de partir à la découverte des différentes cultures de notre planète et de partager des saveurs nouvelles et des produits étonnants. Au fil du temps, les plantes se sont bien sûr acclimatées à leurs terroirs, mais elles ont aussi voyagé pour s'adapter parfois à des milliers de kilomètres de chez elles. Des cuisiniers inventifs s'en sont alors emparé et ont jeté les bases de nouvelles traditions culinaires. C'est le cas par exemple avec les tomates, natives du Mexique, devenues un emblème de la cuisine provençale, mais aussi avec le maïs, dont on oublie souvent les origines lointaines. Ou, plus récemment, du quinoa, originaire de Bolivie et nourriture de base des peuples précolombiens, aujourd'hui cultivé en France avec succès.

J'ai toujours adoré préparer des recettes venues d'ailleurs. J'aime particulièrement les herbes aromatiques, les textures croquantes et les parfums de la cuisine vietnamienne ; les épices et les senteurs chaudes des plats indiens ou marocains ; la place du cru et des bouillons légers de la gastronomie japonaise. Mais comme j'ai aussi à cœur de réduire l'impact environnemental de mon alimentation, je me suis demandé comment faire pour ne pas me priver de ces plaisirs, sans acheter des produits acheminés par avion. J'ai donc cherché à savoir si certains aliments que j'affectionne pouvaient être produits à proximité de chez moi (ou du moins, en France), voire dans mon propre jardin.

Ma quête a été récompensée : non seulement j'ai trouvé des produits que j'aime chez des producteurs biologiques mais j'ai aussi découvert d'autres aliments et sensations que je ne connaissais pas, notamment ceux issus de la cuisine traditionnelle africaine.

Vous allez découvrir dans cet ouvrage une vingtaine de plantes produites en France. Pour chacune d'elles, vous trouverez des conseils quant à son mode de culture. Ces conseils sont suivis de recettes, afin de vous permettre de passer de la cueillette (ou de l'achat) à l'assiette. Je vous souhaite de belles découvertes exotiques… à l'empreinte carbone très réduite !

Amandine Geers

## Les légumes et fruits

| NOM | ORIGINE(S) | RECETTES |
|---|---|---|
| Arachide | Amérique centrale | Poulet mafé aux cacahuètes – Purée de cacahuète au naturel |
| Arbouse | Méditerranée | Confiture d'arbouse – Soupe d'arbouse à la fleur d'oranger – Clafoutis d'arbouse |
| Aubergine amère | Afrique de l'Ouest | Aubergines amères et gombos au bouillon – Soupe de crevettes aux aubergines amères et arachide |
| Chayotte | Mexique | Crème chayotte coco – Tarte chayotte chèvre et cumin |
| Chou bok-choï (ou pak-choï ) | Chine | Sauté de chou bok-choï, brocoli et shiitakes et ses nouilles soba – Téryaki de saumon et bok-choï rôtis |
| Chou kale (ou chou frisé) | Méditerranée | Salade de chou kale aux amandes – Omelette chou kale et champignons – Jus de kale sans extracteur – Chips de kale |
| Chou pe-tsaï (ou chou chinois) | Chine | Wok de bœuf et chou chinois – Rémoulade de chou chinois, sauce cacahuètes au gingembre |
| Concombre amer | Afrique, Asie, Caraïbes | Beignets de concombre amer – *Dhal* au concombre amer, haricots noirs et amandes |
| Cresson de Pará (ou brède mafane) | Amérique du Sud | *Romazava* au poisson – Bouillon au cresson de Pará |
| Gombo | Afrique | Salade de gombos – Soupe calalou aux gombos |
| Grenade | Perse (Iran), Asie centrale | Taboulé de sarrasin à la grenade – Ragoût de lentilles aux aubergines et grenade |
| Kaki | Chine, Japon | Pudding de kaki à la clémentine – Chutney kaki-clémentine |
| Kiwano (ou concombre cornu d'Afrique) | Afrique | Cocktail de kiwano à l'églantine – Gelée de kiwano |
| Maïs | Amérique du Sud | Soupe moulinée au maïs – Salade de maïs doux au poivron |
| Nashi | Asie | Tarte tatin aux nashis – Canard sauté au soja et nashis pochés à la verveine – Soupe miso aux chanterelles et nashi |
| Patate douce | incertaine : Amérique du Sud ? Polynésie ? | Patates douces rôties au fenouil – Houmous de patate douce à l'orange – Gaspacho de patate douce et cacahuètes – Chips de patate douce au cumin |
| Piment 'Serrano' | Mexique | Aguachile ou ceviche aux crevettes – En poudre, en huile ou en sauce ? – Poblaño et jalapeño : 2 piments, 4 saveurs |
| Quinoa | Bolivie | *Papitas* au thon – Soupe de quinoa bolivienne |
| Shiso (ou périlla) | Asie du Sud-Est | Rouleaux de printemps aux feuilles de shiso – Soupe de bœuf au shiso |
| Tomatille (ou physalis du Mexique) | Mexique | *Salsa verde picante* |

# CONSEILS DE CULTURE ET RECETTES

**Au fil des pages suivantes, nous allons vous présenter vingt légumes et fruits : leur nom latin, leur origine géographique, leur histoire, leurs principales caractéristiques mais aussi les conseils de base pour les cultiver chez vous. Et bien sûr, de délicieuses recettes pour vous en régaler !**

# ARACHIDE

*Arachis hypogaea*

**Autres noms :** cacahuète [mais c'est plutôt le nom du fruit], pistache de terre, pois de terre

**Famille des Fabacées**

**Plante annuelle**

**Origine :** Amérique équatoriale, mais surtout cultivée en Afrique de l'Ouest

**Partie comestible :** graines

**L'arachide viendrait, selon les sources, d'Amérique centrale (Mexique) ou du Sud (Bolivie, Argentine). Cette légumineuse est également appelée cacahuète (même si c'est plutôt le nom du fruit), pistache de terre ou encore pois de terre. Elle est cultivée dans les régions tropicales d'Afrique, a besoin de chaleur – même si Louise en produit avec succès aux abords du marais poitevin (voir remerciements p. 2). C'est une plante étonnante : elle fleurit, fane puis, après la fécondation, enterre une tige (le gynophore) née de l'ovaire, à partir de laquelle se développeront les fruits à quelques centimètres sous terre. Très riche en acides gras, elle est appréciée en Afrique dans les sauces, où son pouvoir liant remplace la crème. Si elle est récoltée fraîche, une quinzaine de minutes suffisent pour obtenir une texture moelleuse dans les ragoûts ou pour réaliser de délicieuses purées de cacahuètes maison.**

## Conseils de culture

- **Exposition :** ensoleillée.
- **Climat :** régions chaudes, notamment le Midi et l'arc méditerranéen.
- **Parcours de culture :** la culture de l'arachide doit démarrer sous abri et à la chaleur, en mars-avril. Repiquez les plants lorsque les gelées ne sont plus à craindre, vers le mois de mai, à environ 50 cm en tous sens. Buttez à plusieurs reprises au moment de la floraison, pour offrir aux fleurs de quoi s'enterrer et former leurs gousses.
- **Arrosage :** régulier, la terre ne doit jamais être sèche.
- **Maladies et ravageurs :** certaines maladies fongiques [cercosporiose] ou risque de rouille mais plutôt en climat humide.
- **Récolte :** en automne, avant les premières gelées.

# POULET MAFÉ aux cacahuètes

prép. 30 min — cuis. 35 min

POUR 3 PERSONNES

- 300 ou 400 g de filet de poulet (selon votre appétit)
- 4 gousses d'ail
- 2 gros oignons
- 1 carotte
- 1 patate douce*
- 2 tomates
- 1 c. à soupe de concentré de tomates
- 1 cm de gingembre frais râpé
- 1 piment africain
- 70 g de cacahuètes fraîches écossées
- 2 c. à soupe d'huile d'olive
- 1 c. à café de sucre

* Les ingrédients suivis d'un astérisque sont également traités dans ce livre.

❶ Pelez l'ail et les oignons et émincez-les. Faites-les revenir dans une casserole avec l'huile d'olive pendant 5 minutes à feu doux. Ajoutez le poulet coupé en dés, faites-le dorer de tous côtés. Réservez.

❷ Pelez la carotte et la patate douce et coupez-les en dés.

❸ Lavez les tomates, coupez-les en morceaux.

❹ Dans la casserole, ajoutez les légumes et le concentré de tomates. Mélangez. Couvrez d'eau à niveau et laissez mijoter pendant 15 minutes. Ajoutez le gingembre et le piment (retirez les graines pour une saveur moins brûlante).

❺ Mélangez, prélevez une louche de bouillon et versez-la dans une autre casserole pour y faire cuire les cacahuètes pendant 15 minutes. Mixez jusqu'à obtenir une pâte fine.

❻ Ajoutez cette pâte d'arachides aux légumes.

❼ Ajoutez le poulet et le sucre et laissez épaissir pendant 10 à 15 minutes en remuant régulièrement.

Servez bien chaud accompagné de riz.

### Purée de cacahuètes au naturel

Décortiquez les arachides fraîches pour obtenir l'équivalent d'un petit bol de cacahuètes.
Frottez-les entre les mains pour retirer les peaux.
Faites-les torréfier à sec dans une poêle pendant 10 minutes à feu moyen. Remuez la poêle régulièrement afin de griller les cacahuètes uniformément. Laissez refroidir.
Mixez dans un robot puissant pendant 5 à 10 minutes, en faisant des pauses. Procédez plutôt par impulsions afin de ne pas surchauffer la préparation ni le robot.
Vous pouvez ajouter 2 cuillères à soupe de miel liquide ou 2 pincées de sel, selon l'utilisation que vous lui destinez (pâtisserie ou en-cas salé), mais c'est facultatif. Mettez en pot.

# ARBOUSE

*Arbutus unedo*
Famille des Éricacées
Plante vivace
**Origine** : zones rocailleuses d'Amérique du Nord, du Mexique et du sud de l'Europe et de la Méditerranée
**Partie comestible** : fruits

## Conseils de culture

- **Exposition** : ensoleillée ou à mi-ombre mais surtout à l'abri des vents secs et froids.
- **Climat** : doux, mais peut résister jusqu'à -17 °C.
- **Parcours de culture** : par semis en pot sous châssis froid à l'automne et par bouturage. Le marcottage, très lent (l'apparition de racines peut prendre deux ans), est également possible. On le plante à l'automne, de préférence, ou au printemps.
- **Arrosage** : une fois bien installé, après 2 ou 3 ans, il ne réclamera pas d'arrosages en été. Les sujets en pot sont en revanche plus sensibles au manque d'eau.
- **Maladies et ravageurs** : plutôt résistant, attention toutefois aux attaques de pucerons et aux taches foliaires comme la septoriose.
- **Récolte** : novembre.

**Avec ses baies de taille moyenne, rouge orangé, charnues et à la peau rugueuse parsemée de petites pointes, on comprend immédiatement pourquoi on appelle souvent l'arbousier « arbre à fraises ».**
**À l'état sauvage, il est présent sur tout le pourtour méditerranéen et, bien que de taille plus modeste, on trouve des sujets qui produisent des fruits jusque dans le centre et l'ouest de la France. Cet arbre rustique à croissance lente se plaît dans les sols riches et bien drainés, exposés au soleil. Gustativement parlant, l'arbouse, qui mûrit en hiver, ne vaut en revanche pas la fraise : sa chair molle un peu farineuse contient de nombreux et minuscules pépins et sa saveur crue est discrète, relativement insipide. Des recettes comme des confitures, des marmelades ou des pâtisseries lui conviennent mieux. Un bon point : elle est riche en vitamine C.**

# CONFITURE d'arbouses

prép. 15 min cuis. 50 min

❶ Rincez et dénoyautez les arbouses. Versez un grand verre d'eau dans une casserole et faites-les cuire à feu doux pendant 20 minutes à couvert. Passez les arbouses au chinois afin de retirer les petites graines, sauf si ces dernières ne vous dérangent pas.

❷ Remettez la purée d'arbouses dans la casserole avec le sucre, le miel et le jus de citron.

❸ Laissez cuire à feu doux pendant 20 à 30 minutes.

❹ Mettez en pot et laissez refroidir le pot retourné pour créer le vide d'air.

POUR 1 POT

- 300 g d'arbouses
- 100 g de sucre
- 50 g de miel d'acacia
- Le jus de 2 citrons

# SOUPE D'ARBOUSES
## à la fleur d'oranger

prép. 15 min  cuis. 30 min

1. Faites chauffer l'eau avec les fleurs d'oranger. Quand l'eau bout, coupez le feu et laissez infuser 15 minutes avant de filtrer.
2. Prélevez le zeste de l'orange, puis pressez-la pour récupérer le jus.
3. Ajoutez le sucre, le jus d'orange et les arbouses et laissez mijoter de nouveau pendant 15 minutes.
4. Ajoutez les zestes, laissez refroidir avant de déguster.

Servez de préférence bien frais.

POUR 3 PERSONNES

- 300 g d'arbouses
- 40 cl d'eau
- 2 c. à soupe de fleurs d'oranger déshydratées
- Le jus et le zeste de 1 orange
- 40 g de sucre blond

# CLAFOUTIS d'arbouses

macération : environ 12 h prép. 15 min cuis. 40 min

❶ Préchauffez le four à 180 °C.

❷ Lavez et égouttez les arbouses. Placez-les dans un saladier, recouvrez-les du sucre et du jus de citron et laissez macérer au réfrigérateur jusqu'au lendemain.

❸ Fouettez les œufs, incorporez la farine, le lait et le beurre fondu. Beurrez un moule allant au four. Répartissez les arbouses dans le plat et versez la préparation liquide.

❹ Mettez au four pendant 40 minutes.

Laissez refroidir avant de déguster.

POUR 6-8 PERSONNES

- 500 g d'arbouses
- 150 g de sucre complet
- Le jus de 1 citron
- 3 œufs
- 100 g de farine complète
- 30 cl de lait
- 60 g de beurre fondu

# AUBERGINE AMÈRE

*Solanum aethiopicum*
**Famille des Solanacées**
**Plante vivace** cultivée chez nous comme une annuelle
**Origine :** Afrique
**Parties comestibles :** fruits, feuilles

## Conseils de culture

- **Exposition :** ensoleillée.
- **Climat :** dans le Midi de la France ; sous serre ailleurs.
- **Parcours de culture :** semis en mars-avril, au chaud. Placez les graines en surface et recouvrez-les de 1 cm de terre, puis tassez légèrement. Plantez au jardin fin mai, quand les plantules mesurent environ 20 cm, à raison d'un pied tous les 30 cm et de 60 cm entre les lignes.
- **Arrosage :** régulier.
- **Maladies et ravageurs :** mildiou.
- **Récolte :** les fruits se récoltent immatures car en mûrissant, ils deviennent amers.

**On dirait une petite tomate 'Cœur de bœuf' mais ce n'est qu'une cousine. Elle est aussi apparentée à l'aubergine à laquelle elle ne ressemble pas, même si elle en porte le nom : c'est l'aubergine d'Afrique, originaire de l'ouest de ce continent, où on l'appelle aussi jacato ou aubergine amère. Elle ne se consomme pas crue mais cuite, cuisinée dans des ragoûts pimentés de viande ou de poisson. Son amertume caractéristique est étonnante, voire carrément déconcertante pour nos palais occidentaux. L'ajout de protéines (viande, poisson, crustacés) et de graisses (oléagineux, comme les arachides fréquemment utilisées dans la cuisine africaine) atténue heureusement cette amertume. Les jeunes feuilles se cuisinent aussi, en soupe ou en ragoût de légumes.**

# AUBERGINES amères et gombos au bouillon

prép. 20 min  cuis. 30 min

POUR 3-4 PERSONNES

- 12 aubergines amères
- 4 gombos*
- 2 oignons
- 3 gousses d'ail
- 3 ou 4 tiges de persil ou de coriandre
- 100 g de lardons
- 2 tomates
- 1 piment africain
- 2 c. à soupe d'huile d'olive
- 1/2 c. à café de gingembre
- 1/2 c. à café de cumin en grains
- Sel

❶ Dans une casserole, faites revenir les oignons et l'ail émincés, le persil (ou la coriandre) ciselé et les lardons dans l'huile d'olive pendant 5 minutes. Ajoutez les tomates coupées en morceaux. Saupoudrez de gingembre et de cumin. Ajoutez le piment. Salez.

❷ Enlevez les pédoncules des aubergines amères et des gombos. Lavez les aubergines et coupez les plus grosses en quatre. Laissez les plus petites entières. Lavez les gombos, puis coupez-les en rondelles. Ajoutez les aubergines et couvrez d'eau à niveau. Faites mijoter pendant 15 minutes à couvert. Ajoutez les gombos et prolongez la cuisson pendant encore 10 minutes.

Servez bien chaud.

**Variantes**

Vous pouvez préparer cette recette avec du poisson ou de la viande. Les végétariens remplaceront les lardons par des dés de tofu fumé.
Vous pouvez retirer une partie des légumes en fin de cuisson, les mixer et les réincorporer au plat pour lui donner une consistance plus épaisse et onctueuse.

# SOUPE de crevettes aux aubergines amères et arachides

prép. 25 min cuis. 30 min

POUR 3-4 PERSONNES

- 15 aubergines amères
- 1 gros oignon
- 2 gousses d'ail
- 1/2 patate douce*
- 2 tomates
- 2 cm de gingembre frais
- 1 poignée de cacahuètes* fraîches
- 1 feuille de laurier
- 1 piment
- Une quinzaine de crevettes crues
- Huile d'olive
- Sel et poivre
- Quelques brins de coriandre fraîche ou de persil

1. Pelez l'oignon et l'ail et hachez-les.
2. Pelez la patate douce et râpez-la.
3. Hachez les tomates.
4. Enlevez le pédoncule des aubergines amères et coupez-les en petits morceaux.
5. Pelez le gingembre et râpez-le.
6. Décortiquez les cacahuètes et hachez-les au couteau.
7. Dans une grande casserole, faites revenir l'oignon et l'ail à feu doux pendant 5 minutes.
8. Ajoutez les tomates, la patate douce et les aubergines.
9. Ajoutez 1,5 litre d'eau, le gingembre, le laurier et le piment. Salez et poivrez.
10. Portez à ébullition, puis baissez le feu et laissez mijoter pendant 25 minutes en remuant de temps en temps. La sauce va épaissir.
11. Décortiquez les crevettes. Ajoutez-les à la sauce et prolongez la cuisson pendant encore 5 minutes.

Servez aussitôt en parsemant de coriandre ou de persil haché.

# CHAYOTTE

*Sechium edule*
**Famille des Cucurbitacées**
**Plante annuelle ou vivace** si elle est bien protégée du froid en hiver
**Origine :** Amérique du Nord
**Partie comestible :** fruits

**À la Réunion, on l'appelle chouchou. Dans les Antilles françaises, son petit nom est christophine. L'île Maurice lui préfère sousou et en Haïti, on la nomme mirliton. Un nom par île ou presque ! C'est pourtant la même plante : la chayotte. De cette Cucurbitacée cultivée sous climat chaud et pouvant atteindre 1 à 2 kg, on consomme les extrémités comme un légume vert, notamment à la Réunion (les brèdes chouchou). Mais c'est surtout son fruit vert pâle en forme de poire un peu biscornue et légèrement épineuse que l'on mange. La saveur de la chayotte est neutre, comme celle de la courgette, et elle demande à être accompagnée d'aromates. Gratins, soupes, daubes ou encore farcis lui conviennent bien. On la consomme aussi en salade, râpée comme la carotte. Contrairement aux autres Cucurbitacées, la chayotte n'a qu'une seule grosse graine. Elle est riche en fibres, peu calorique et contient également des antioxydants et de la vitamine C.**

## Conseils de culture

- **Exposition :** ensoleillée.
- **Climat :** chaud.
- **Parcours de culture :** la chayotte ne peut être cultivée à l'extérieur que sous les climats les plus chauds (littoral méditerranéen par exemple). Ailleurs, elle se plaira volontiers dans une véranda ou une serre. Il faut planter un fruit entier dans un grand pot, fin février début mars, au chaud et dans un endroit ensoleillé. Le repiquage en pleine terre aura lieu au mois de mai. Comme pour les autres Cucurbitacées, la fertilisation doit être abondante. Si trop de fruits se forment, supprimez-en quelques-uns pour favoriser le grossissement des autres.
- **Arrosage :** régulier.
- **Maladies et ravageurs :** plante résistante, peu sujette aux maladies ou aux ravageurs.
- **Récolte :** les fruits se récoltent dès qu'ils ont atteint leur taille définitive, avant maturité complète, vers septembre-octobre. Ils peuvent se garder plusieurs mois au frais.

# TARTE CHAYOTTE chèvre et cumin

prép. 20 min   cuis. 45 min

POUR 6 PERSONNES

- 2 chayottes
- 2 œufs
- 20 cl de lait
- 1 c. à soupe de graines de cumin entières
- 5 c. à soupe de fromage de chèvre dur râpé
- 1 pâte à tarte brisée
- Sel et poivre

❶ Préchauffez le four à 180 °C.

❷ Pelez les chayottes. Coupez-les en deux et retirez les noyaux. Coupez la chair en dés et faites-les cuire à la vapeur pendant 10 minutes. Écrasez-les à l'aide d'une fourchette.

❸ Fouettez les œufs dans un saladier. Ajoutez le lait, la purée de chayotte, le cumin et le fromage de chèvre râpé. Salez et poivrez.

❹ Abaissez la pâte dans un plat recouvert de papier cuisson. Versez la préparation dessus. Enfournez et laissez cuire pendant 35 minutes.

Dégustez chaud ou froid, avec une salade verte.

**Pâte brisée maison**

- 250 g de farine
- 1 pincée de sel
- 1/2 c. à café de cumin en poudre
- 5 c. à soupe d'huile d'olive
- Environ 10 cl d'eau

Mélangez la farine, le sel et le cumin dans un saladier. Ajoutez l'huile d'olive et incorporez du bout des doigts. Ajoutez l'eau et formez une boule souple. Si la pâte est trop sèche, ajoutez un peu d'eau ; si elle trop collante, ajoutez au contraire un peu de farine. Réservez sous un torchon.

# CRÈME chayotte-coco au citron vert

prép. 15 min cuis. 15 min réfrigération : 2 h

❶ Pelez la chayotte. Coupez-la en deux et retirez le noyau. Coupez la chair en morceaux et faites-les cuire à la vapeur pendant 10 minutes.

❷ Dans un petit robot, mixez finement les morceaux de chayotte avec la crème de coco, le sucre, le citron vert, l'extrait de vanille et l'agar-agar.

❸ Faites cuire à feu doux dans une casserole et comptez 3 minutes après les premiers frémissements. Mélangez continuellement au fouet.

❹ Versez dans des pots de yaourt en verre. Laissez refroidir avant de mettre au frais pendant au moins 2 heures.

Au moment de servir, parsemez de poudre de coco.

POUR 3 PERSONNES

- 1 chayotte
- 20 cl de crème de coco
- 4 c. à soupe rases de sucre blond
- Le jus de 1 citron vert
- Quelques gouttes d'extrait de vanille
- 2 g d'agar-agar
- Poudre de coco pour la présentation

# CHOU BOK-CHOÏ
## (ou pak-choï)

*Brassica rapa* ssp. *chinensis* var. *communis*
Famille des Brassicacées
Plante annuelle
**Origine** : Chine
**Partie comestible** : feuilles

**Originaire de Chine, introduit aux États-Unis à la fin du 19e siècle, le chou bok-choï, parfois appelé pak-choï, a de faux airs de bette à cardes. C'est l'une des nombreuses variétés de choux chinois (voir aussi le pe-tsaï, p. 44). Sa saveur est très douce, ses feuilles, d'un vert plutôt pâle sur des tiges blanches, sont tendres, charnues et juteuses. On le consomme très peu cuit, juste sauté, afin de lui conserver sa texture croquante. Il est bien pourvu en minéraux et en vitamines. Choisi bien ferme avec des feuilles lisses et brillantes, il peut se conserver jusqu'à 10 jours dans le bac à légumes du réfrigérateur.**

## Conseils de culture

- **Exposition** : à l'ombre en régions chaudes, sous protection dans les régions froides.
- **Climat** : tempéré. Comme le chou-fleur, il a besoin d'un sol riche maintenu suffisamment humide.
- **Parcours de culture** : à partir des graines (les plants à acheter sont quasiment impossibles à trouver) : semis de fin juin à début août pour la plupart des variétés, en pleine terre, si possible sous voile anti-insectes. Certaines variétés, moins sensibles à la montée en graines, peuvent être semées dès avril.
- **Arrosage** : régulier.
- **Maladies et ravageurs** : mildiou, altises, noctuelles.
- **Récolte** : à partir de juillet (si vous avez semé tôt en saison) et pendant tout l'automne.

# Sauté de CHOU BOK-CHOÏ brocoli et shiitakes et ses nouilles soba

prép. 15 min · cuis. 30 min

POUR 2-3 PERSONNES

- 1 chou bok-choï
- 2 gousses d'ail
- 1 petit oignon rouge
- 4 shiitakés
- 1 petit brocoli
- 100 g de nouilles soba
- Un peu d'huile d'olive
- Sauce soja
- Ciboule (ou, à défaut, ciboulette)

❶ Pelez et émincez l'ail et l'oignon. Lavez et séchez les shiitakes. Faites revenir le tout dans un wok avec l'huile d'olive pendant 10 minutes à feu moyen.

❷ Ajoutez le chou lavé et effeuillé, ainsi que les bouquets de brocoli. Versez un demi-verre d'eau, couvrez et laissez cuire pendant 10 minutes à feu doux.

❸ Pendant ce temps, faites cuire les nouilles soba dans 1 litre d'eau bouillante.

❹ Lorsque les légumes sont fondants, ajoutez les nouilles soba et servez aussitôt en ajoutant la sauce soja et la ciboule ciselée.

**À savoir**

Les nouilles soba sont des stars de la cuisine japonaise. Elles se dégustent chaudes ou froides, s'accompagnent de légumes ou de viande et se déclinent également en soupes. Soba signifie sarrasin. Grâce à cet ingrédient, les nouilles soba sont réalisées à partir d'une farine moins raffinée que les pâtes de riz ou de blé. Elles provoquent une sensation de satiété plus rapide qu'avec les autres types de pâtes. Leur valeur calorique (environ 330 kcal pour 100 g) est proche de celle des pâtes complètes et, si elles sont consommées froides, débarrassées de leur amidon, cette valeur est encore plus basse. En outre, leur index glycémique est bas, l'IG du sarrasin étant dans la fourchette basse à modérée.

# TERIYAKI de saumon et bok-choï rôtis

prép. 15 min cuis. 10-15 min

1. Préchauffez le four à 180 °C.
2. Dans un bol, mélangez tous les ingrédients de la sauce.
3. Détachez les feuilles du chou, lavez-les et égouttez-les.
4. Sur une plaque allant au four recouverte de papier cuisson, disposez les feuilles de chou et les filets de saumon côté peau. Arrosez le tout de sauce.
5. Mettez à cuire au four pendant 10 à 15 minutes. Le saumon doit rester légèrement rosé à cœur.

Si vous souhaitez qu'il soit un peu plus cuit, prévoyez une cuisson plus longue, mais dans ce cas, ajoutez les feuilles de chou 10 à 15 minutes avant la fin de la cuisson seulement.

Saupoudrez de graines de sésame avant de servir.

POUR 2 PERSONNES

- 1 chou bok-choï
- 2 filets de saumon

**Pour la sauce**

- 4 c. à soupe d'huile de sésame
- 3 c. à soupe de sauce soja
- 2 c. à soupe de miel liquide
- 1 c. à soupe de gingembre frais râpé
- 2 c. à café de graines de sésame noir

# CHOU KALE

*Brassica oleracea* var. *sabellica*
**Famille des Brassicacées**
**Plante bisannuelle** cultivée en annuelle
**Origine** : pourtour méditerranéen
**Partie comestible** : feuilles

**Même si on consommait déjà ce chou frisé non pommé au temps de la Rome antique ou au Moyen Âge, le chou kale n'est revenu sur le devant de la scène que depuis quelques années. Très à la mode, il fait même l'objet d'une quasi-vénération pour ses qualités nutritionnelles ! Il est en effet riche en vitamines et en minéraux et possède des vertus antioxydantes et anti-inflammatoires. On le consomme cuit, seul ou en mélange, ou bien cru coupé très finement ou encore sous forme de chips. Cette dernière préparation lui convient bien et permet de mettre en valeur les qualités ornementales de ses feuilles ourlées, vertes ou rougeâtres.**

## Conseils de culture

- **Exposition** : à l'ombre en régions chaudes, sous protection dans les régions froides.
- **Climat** : tempéré. Comme le chou-fleur, il a besoin d'un sol riche maintenu suffisamment humide.
- **Parcours de culture** : semis de fin juin à début août pour la plupart des variétés, en pleine terre, si possible sous voile anti-insectes. Certaines variétés, moins sensibles à la montée en graines, peuvent être semées dès avril.
- **Arrosage** : régulier.
- **Maladies et ravageurs** : mildiou, altises, noctuelles.
- **Récolte** : à partir de juillet (si vous avez semé tôt en saison) et pendant tout l'automne. Il se récolte feuille à feuille, ce qui est bien pratique.

# SALADE DE CHOU KALE aux amandes

prép. 15 min trempage : 1 h

POUR 3 PERSONNES

- 5 belles feuilles de chou kale
- 200 g d'amandes
- 1 petit oignon rouge
- 2 kiwis
- 1/2 citron vert
- Poivre du moulin
- Quelques chips de chou kale (facultatif, voir encadré)

**Pour la sauce**

- 2 c. à soupe de purée d'amandes blanche ou complète
- 2 c. à soupe de vinaigre de cidre
- 2 c. à soupe de sauce soja

❶ Faites tremper les amandes pendant au moins 1 heure. Frottez-les entre les mains pour retirer les peaux brunes et rincez-les.

❷ Préparez la sauce : dans un bol, mélangez la purée d'amandes, le vinaigre et la sauce soja. Ajoutez progressivement de l'eau, tout en mélangeant pour maintenir une émulsion, jusqu'à obtenir une texture onctueuse mais suffisamment fluide pour enrober la salade.

❸ Lavez les feuilles de chou et émincez-les finement. Émincez l'oignon rouge. Pelez les kiwis et coupez-les en dés. Lavez le demi-citron vert, coupez-le en morceaux en conservant son écorce.

❹ Déposez tous les ingrédients dans un saladier, arrosez de sauce et donnez quelques tours de moulin à poivre. Mélangez le tout pour que la sauce enrobe bien la salade.

Ajoutez quelques chips de chou kale pour le croquant.

## Chips de kale

Préchauffez votre four à 180 °C.
Débarrassez les feuilles de leurs grosses tiges et coupez-les en morceaux. Lavez-les et séchez-les soigneusement dans un torchon propre. Dans un saladier, versez 1 cuillère à café d'huile d'olive pour 2 ou 3 feuilles de chou, 1 ou 2 pincées de sel et mélangez avec les mains afin de bien enrober toutes les feuilles.
Placez les feuilles côte à côte sur une plaque allant au four, tapissée de papier cuisson. Placez au four pour environ 10 à 15 minutes.
Surveillez les feuilles et retournez-les en cours de cuisson. Dès qu'elles sont craquantes et toujours bien vertes, retirez-les du four et laissez-les reposer le temps qu'elles refroidissent. Proposez ces chips à l'apéro ou ajoutez-les dans vos salades.

# OMELETTE chou kale et champignons

prép. 15 à 20 min cuis. 20 min

POUR 3 PERSONNES

- 3 feuilles de chou kale
- 1 petit oignon jaune
- 300 g de champignons sauvages (cèpes, girolles, chanterelles…) ou 200 g de champignons surgelés (si possible en mélange)
- 6 œufs
- 1 petit verre de lait (optionnel)
- 2 c. à soupe d'huile d'olive
- Sel et poivre

❶ Lavez et séchez les feuilles de chou kale avant de les émincer. Pelez l'oignon et émincez-le.

❷ Si vous utilisez des champignons frais, parez-les soigneusement.

❸ Dans une poêle, faites revenir à feu doux l'oignon, les feuilles de kale et les champignons avec l'huile d'olive pendant 10 minutes en remuant régulièrement.

❹ Fouettez les œufs dans un bol, ajoutez le lait, salez et poivrez.

❺ Versez les œufs dans la poêle et laissez cuire doucement sans remuer jusqu'à la cuisson souhaitée. Pour une omelette non baveuse, posez un couvercle 1 ou 2 minutes avant la fin de la cuisson. Servez immédiatement.

**Jus de kale sans extracteur**

Pour réaliser 1 litre de jus de kale sans extracteur, mixez finement cinq feuilles de kale soigneusement lavées, débarrassées de leurs tiges et émincées dans un litre d'eau. Associez-y d'autres fruits ou légumes, quelques aromates, puis filtrez le tout dans une passoire fine ou un chinois.

Voici quelques idées d'ingrédients à associer :
- 1 pomme
- 1 poire ou 2 nashis*
- 2 kiwis
- 1 kiwano*
- 1 branche de céleri (prélevée au cœur de préférence, car peu fibreuse et à la saveur subtile)
- 1 carotte
- 1 poignée d'épinards ou de feuilles de patate douce*
- 1 verre de fruits rouges

Vous pouvez ajouter, selon vos goûts, des aromates, des épices tel du gingembre frais râpé, le jus de 1 citron vert ou jaune, quelques brins de persil, d'estragon ou de coriandre…

# CHOU PE-TSAÏ (ou chou chinois)

*Brassica rapa* ssp. *pekinensis*
Famille des Brassicacées
Plante bisannuelle
**Origine :** Chine
**Partie comestible :** feuilles

**Le pe-tsaï est plus connu sous le nom de chou chinois. D'un vert très pâle, il forme une pomme allongée dense et légèrement ourlée sur des tiges blanches très croquantes et juteuses, ce qui le fait ressembler à une grosse chicorée. C'est un chou très prisé en Chine et en Corée où il est consommé en soupe, en salade, sauté avec de la viande et même fermenté, un peu comme la choucroute.**
**À l'automne et en début d'hiver, quand les légumes feuilles commencent à manquer, c'est une source appréciable de vitamines.**

## Conseils de culture

- **Exposition :** à l'ombre en régions chaudes, sous protections dans les régions froides.
- **Climat :** tempéré. Comme le chou-fleur, il a besoin d'un sol riche, maintenu suffisamment humide.
- **Parcours de culture :** semis de fin juin à début août pour la plupart des variétés, en pleine terre, si possible sous voile anti-insectes. Certaines variétés, moins sensibles à la montée en graines, peuvent être semées dès avril.
- **Arrosage :** régulier.
- **Maladies et ravageurs :** mildiou, altises, noctuelles, gastéropodes.
- **Récolte :** à partir de juillet (si vous avez semé tôt en saison) et pendant tout l'automne.

# WOK DE BŒUF et chou chinois

temps de marinade : 1 h   prép. 20 min   cuis. 4 min

POUR 2 PERSONNES

- 4 feuilles de chou chinois
- 3 c. à soupe d'huile de sésame
- 3 c. à soupe de sauce soja
- 3 c. à soupe de nuoc-mâm
- 2 c. à soupe de miel
- 1 cm de gingembre frais râpé
- 1 gousse d'ail
- 250 à 300 g de filet de bœuf en tranches fines
- 1 morceau de radis noir de 5 cm
- Quelques brins de ciboulette ou de cive
- 1 c. à soupe de graines de sésame blond toastées

❶ Dans un bol, mélangez l'huile de sésame, la sauce soja, le nuoc-mâm, le miel, le gingembre, la gousse d'ail écrasée et les tranches de bœuf, puis laissez mariner pendant 1 heure au réfrigérateur.

❷ Avec une brosse à légumes, brossez le radis noir et coupez-le en rondelles très fines à l'aide d'une mandoline.

❸ Lavez et séchez les feuilles de chou et émincez-les.

❹ Égouttez le bœuf et récupérez la marinade.

❺ Dans un wok bien chaud, versez la marinade et faites sauter les rondelles de radis et le chou pendant 1 à 2 minutes en remuant constamment. Réservez. Faites sauter le bœuf quelques instants à feu vif. Remettez les légumes, mélangez et servez aussitôt dans des bols.

Saupoudrez de ciboulette ou de cive et de graines de sésame blond toastées.

# RÉMOULADE DE CHOU CHINOIS

## sauce cacahuètes au gingembre

prép. 15 min

POUR 2-3 PERSONNES

- 5 feuilles de chou chinois
- 1 ou 2 carottes
- 30 g de cacahuètes

**Pour la sauce**

- 1 grosse c. à soupe de purée de cacahuètes*
- 2 c. à soupe de vinaigre de cidre
- 2 c. à soupe de sauce soja
- 1 cm de gingembre frais râpé (ou 1/2 c. à café de gingembre en poudre)
- 1/2 c. à café de graines de moutarde
- 1/2 c. à café de graines de cumin
- Poivre du moulin

❶ Lavez les feuilles de chou, séchez-les et émincez-les finement.

❷ Brossez ou pelez les carottes avant de les râper.

❸ Dans un bol, diluez la purée de cacahuète avec le vinaigre et la sauce soja. Ajoutez quelques filets d'eau tout en mélangeant jusqu'à arriver à une texture onctueuse qui permettra de bien enrober les légumes.

❹ Ajoutez le gingembre, les graines de moutarde et de cumin. Donnez quelques tours de moulin à poivre.

❺ Dans un saladier, enrobez les légumes de sauce et parsemez de cacahuètes.

# CONCOMBRE amer

*Momordica charantia*
**Autres noms :** margose, momordique, melon amer, pomme merveille
**Famille des Cucurbitacées**
**Plante annuelle**
**Origine :** régions tropicales d'Asie et d'Afrique
**Partie comestible :** fruits

**Le concombre amer porte bien son nom : c'est justement cette amertume qui fait tout son intérêt nutritionnel, car elle signale la présence de la cucurbitacine.**
**Ce puissant anti-inflammatoire, qui augmente la production d'insuline par le pancréas et possède également la capacité de réguler le taux de glucose, serait donc bénéfique en cas de diabète de type 2.**
**Avant de le cuisiner, épépinez-le ou faites-le tremper dans du sel pour atténuer cette amertume à laquelle nous ne sommes plus habitués – la faute aux sélections des semenciers qui produisent des concombres n'ayant pratiquement plus que le goût de l'eau ! Associez-le à des légumes ou à des aliments protéinés comme les lardons, la viande ou les œufs. Il entre dans la composition de certaines sauces, de caris, et peut aussi se cuisiner farci, au four. Les végétariens l'accompagneront de lentilles corail ou autres légumes secs comme les haricots noirs.**
**Ce concombre ne se consomme pas cru, hormis dans la recette du rougail (à ne pas confondre avec le rougail réunionnais), salade fraîche agrémentée de piment, d'oignon et d'ail, servie pour accompagner les caris.**

## Conseils de culture

- **Exposition :** ensoleillée.
- **Climat :** tempéré chaud. Craint le froid.
- **Parcours de culture :** semez au chaud (25 à 30 °C), de mars à mai, en godet. Placez 2 à 3 graines par godet et ne conservez que le plus beau plant. Mettez en place au jardin à la mi-mai, lorsque tout risque de gelée est passé, en apportant une pelletée de compost bien mûr. Espacez chaque plant de 70 cm à 1 m en tous sens et installez des tuteurs ou un grillage pour que les tiges puissent s'accrocher. La floraison intervient en général deux mois et demi après le semis.
- **Arrosage :** de temps en temps, si nécessaire.
- **Maladies et ravageurs :** a priori, aucun sous nos latitudes.
- **Récolte :** quand les fruits sont encore verts. Si les fruits prennent une belle couleur rouge orangé, ils ne sont plus comestibles.

# BEIGNETS de concombre amer

prép. 15 min   cuis. 20 min

POUR 20 BEIGNETS ENVIRON

- 2 concombres amers
- 1 verre de farine de blé
- 1 c. à café de kuzu ou de fécule (fécule de maïs, arrow-root)
- 1 c. à soupe de paprika
- 1 œuf
- Huile de friture
- Sel et poivre

❶ Lavez et séchez les concombres. Coupez-les en rondelles de 0,5 cm d'épaisseur.

❷ Dans un bol, mélangez la farine, la fécule et le paprika. Salez et poivrez.

❸ Fouettez l'œuf dans un autre bol et détendez avec un peu d'eau.

❹ Faites chauffer l'huile dans une poêle.

❺ Trempez les rondelles de concombre dans l'œuf battu, enrobez-les ensuite de farine et déposez-les dans l'huile chaude. Laissez dorer quelques minutes avant de retourner. Stockez les beignets sur du papier absorbant.

Vous pourrez les manger froids, tièdes ou chauds, tels quels ou accompagnés d'une sauce que vous préparerez en diluant 2 cuillères à soupe de purée de cacahuètes avec un peu d'eau. Salez, poivrez, dégustez !

# DHAL au concombre amer, haricots noirs et amandes

**trempage des haricots et amandes : 12 h** **prép. 30 min** **cuis. 1 h**

POUR 3-4 PERSONNES

- 1 concombre amer
- 80 g de haricots noirs
- 50 g d'amandes entières
- 1 c. à soupe de graines de moutarde
- 1 tomate concassée
- 1 cm de curcuma pelé et émincé
- Huile d'olive
- Sel et poivre
- 4 c. à soupe de lait de coco

**Curcuma et gingembre maison**

Le gingembre et le curcuma peuvent être cultivés sous nos latitudes, en pleine terre ou en intérieur, dans de grands pots. Ils adorent la chaleur, autour de 25 °C, puis une humidité régulière dès que les rhizomes ont produit leurs tiges – et, avec un peu de chance, leurs jolies fleurs ! Au bout de six mois, vous pourrez récolter les rhizomes progressivement, jusqu'à 10 mois environ après le dessèchement des feuilles.

❶ La veille, faites tremper les haricots dans un saladier et les amandes dans un verre d'eau.

❷ Le lendemain, rincez et émondez les amandes. Rincez les haricots noirs et mixez-les grossièrement dans un robot avec deux verres d'eau. Vous obtenez une sorte de gros boulgour de haricots.

❸ Pelez grossièrement le concombre. Coupez-le en quatre dans la longueur et retirez les graines. Coupez-le en dés. Faites-les dégorger dans un bol avec 1 cuillère à café de gros sel pendant 20 minutes. Pressez entre vos doigts, rincez à l'eau.

❹ Dans une casserole, faites rissoler les graines de moutarde dans 1 cuillère à soupe d'huile d'olive. Quand elles commencent à grésiller, ajoutez la tomate concassée. Faites revenir pendant quelques instants.

❺ Ajoutez les haricots et 3 verres d'eau. Faites cuire pendant 30 minutes à petits bouillons en écumant régulièrement.

❻ Ajoutez les amandes entières, le concombre et 3 cuillères à soupe de lait de coco, salez et poivrez. Prolongez la cuisson pendant 10 minutes à feu doux.

❼ Ajoutez la dernière cuillère de lait de coco quelques minutes avant la fin.

Servez avec du riz.

# CRESSON de Pará

*Spilanthes oleracea*

**Famille des Astéracées**

**Autres noms :** brède mafane, cresson de Madagascar, spilanthe des potagers

**Plante annuelle**

**Origine :** Amérique du Sud

**Parties comestibles :** feuilles et boutons floraux

**D'abord, ça pique fort et on se prépare à une sensation de brûlure ou de piqûre. Mais rien ne vient, juste l'impression d'avoir mangé de la menthe glaciale, un peu anesthésiante. Vous venez de vivre votre première rencontre avec une feuille de cresson de Pará (assez communément appelé brède mafane) ! Cru, et en petite quantité, il rehaussera vos salades. Cuit, on peut en jeter une belle poignée dans des ragoûts de viande, de poisson ou de légumes ou pour accompagner du riz. Les fleurs se consomment également mais attention : l'effet est décuplé par rapport à celui que procurent les feuilles ! Les boutons floraux entrent dans la composition du *romazava*, le ragoût malgache, également très prisé dans toutes les îles de l'océan Indien. Son feuillage ovale vert foncé, ses fleurs jaunes au centre rouge – il existe une variété à feuilles pourpres avec du rouge sur les capitules – et son port étalé lui confèrent en outre une valeur ornementale certaine, notamment en pot, à l'abri du gel sur un balcon ou une terrasse.**

## Conseils de culture

- **Exposition :** chaude et ensoleillée.
- **Climat :** tempéré à chaud.
- **Parcours de culture :** les graines étant minuscules, préférez un semis en godets, en mars-avril, sous abri, pour un repiquage en pleine terre en mai, dès que les gelées ne sont plus à craindre, tous les 30-40 cm.
- **Arrosage :** le cresson de Pará craignant la sécheresse, l'arrosage doit être régulier en été. Attention à ne pas détremper le sol.
- **Maladies et ravageurs :** surveillez les gastéropodes juste après sa mise en terre.
- **Récolte :** les feuilles et les boutons floraux peuvent commencer à être récoltés dès le mois de juillet et jusqu'aux premières gelées.

# ROMAZAVA au poisson

prép. 15 min cuis. 25 min

❶ Pelez l'échalote et l'ail, émincez-les puis faites-les revenir dans une casserole avec l'huile d'olive.

❷ Concassez les tomates. Pelez le gingembre et émincez-le. Placez le tout dans la casserole, ajoutez le laurier et faites revenir pendant 5 minutes.

❸ Versez 1,5 litre d'eau et le lait de coco. Salez et poivrez généreusement.

❹ Ajoutez le poisson coupé en cubes de 2 cm de côté. Laissez cuire 15 minutes à feu doux.

❺ Lavez le cresson et séchez-le avant de l'effeuiller.

❻ Cinq minutes avant de servir, ajoutez les feuilles – et les fleurs, s'il y en a.

Servez en accompagnant ce plat d'un bol de riz.

POUR 2 PERSONNES

- 1 bouquet de cresson de Pará (feuilles et quelques fleurs éventuellement)
- 1 grosse échalote
- 2 gousses d'ail
- 1 ou 2 tomates selon leur taille
- 2 cm de gingembre frais
- 2 feuilles de laurier
- 4 c. à soupe de lait de coco
- 350 g de filet de cabillaud
- 1 c. à soupe d'huile d'olive
- Sel et poivre

# BOUILLON au cresson de Pará

prép. 10 min cuis. 15 min infusion : 30 min

❶ Pelez l'ail et émincez-le. Pelez le gingembre avant de l'émincer ou de le râper.

❷ Lavez les feuilles et les fleurs de cresson de Pará et émincez-les.

❸ Placez tous ces éléments ainsi que les rondelles de citron dans une casserole, salez et poivrez, puis faites bouillir à petits bouillons pendant 15 minutes.

❹ Laissez infuser à couvert pendant 30 minutes. Réchauffez avant de servir.

POUR 4 PERSONNES

- 4 fleurs et une dizaine de belles feuilles de cresson de Pará
- 1 gousse d'ail ou 3 tiges d'ail vert émincées
- 1 cm de gingembre frais
- 1 l d'eau
- 2 rondelles de citron jaune
- Sel et poivre

# GOMBO

***Abelmoschus esculentus***
**Autre nom :** okra
**Famille des Malvacées**
**Plante annuelle**
**Origine :** Afrique
**Partie comestible :** fruits

**Le gombo est une plante tropicale consommée dans toute l'Afrique et en toutes saisons. On le retrouve cependant dans de nombreux plats à travers le monde : en Louisiane, en Amérique du Sud, au Japon, à la Réunion, en Haïti, aux Antilles… Dans sa serre du nord des Deux-Sèvres où elle le cultive, Léonie Minoza tuteure cette liane qui peut atteindre 2,50 mètres de hauteur. Le gombo est un cousin de la mauve ou de l'hibiscus et donne un fruit de 8 à 20 cm de long en forme de capsule anguleuse. À la cuisson, il libère un mucilage qui permet d'épaissir les soupes ou les ragoûts. On peut aussi le consommer cru pour profiter de son croquant. En Afrique comme en Asie, le gombo est apprécié pour ses qualités nutritionnelles et médicinales. Sa teneur en fibres contribue au bon fonctionnement du transit intestinal mais aussi à la normalisation du taux de graisses dans le sang, ce qui le rend intéressant pour améliorer sa santé cardiovasculaire.**

## Conseils de culture

- **Exposition :** plein soleil.
- **Climat :** Midi de la France, sous serre ailleurs.
- **Parcours de culture :** semez entre mars (sous serre) et avril, à chaud, en terrines ou godets, à 1 cm de profondeur. Plus il fait chaud, plus la germination est rapide. Pour faciliter la germination, mettez les graines à tremper dans de l'eau tiède pendant une nuit, avant le semis. Six semaines plus tard, transplantez à l'abri du vent, après les dernières gelées, en espaçant les plants d'au moins 50 cm en tous sens. Sous serre, la plantation peut être anticipée. La culture en pot, dans un mélange terreau et sable, est possible à condition d'utiliser un contenant d'au moins 60 cm pour permettre le développement de la racine pivotante.
- **Arrosage :** très régulier.
- **Maladies et ravageurs :** oïdium, nématodes, pucerons.
- **Récolte :** deux mois après la transplantation. Les fruits se cueillent jeunes, la récolte doit donc être quotidienne pour éviter qu'ils ne grossissent trop.

# SALADE DE GOMBOS

prép. 10 min cuis. 15 min

POUR 3 PERSONNES

- 250 g à 300 g de gombos

**Pour la sauce**

- 1 échalote
- 3 c. à soupe de persil
- 3 c. à soupe de yaourt
- 4 c. à soupe d'huile d'olive
- Sel

**Astuces**

Une cuisson assez courte à la vapeur permet de limiter la libération du mucilage des gombos, surtout si vous les conservez entiers. Elle est donc adaptée pour cette recette où ils sont consommés un peu comme des asperges.

1. Lavez les gombos et coupez leur pédoncule. Vous pouvez les conserver entiers ou les couper en rondelles. Faites-les cuire à la vapeur pendant 10 à 15 minutes. Laissez-les refroidir complètement.
2. Préparez la sauce : hachez finement l'échalote et le persil. Mélangez au yaourt et à l'huile d'olive. Salez. Dégustez.

# SOUPE CALALOU aux gombos

prép. 15 min cuis. 20 min

POUR 3 PERSONNES

- 1 saladier de feuilles d'oseille africaine et de feuilles de patate douce* (ou de blettes et d'épinards)
- 1 quartier de courge (150 g) ou 1 petite courgette
- 2 gousses d'ail
- 1 oignon
- 5 brins de persil
- 5 à 8 gombos selon leur taille
- 1 piment (selon les goûts)
- Jus de citron vert
- Sel et poivre

❶ Lavez les feuilles et retirez les grosses tiges et les nervures.

❷ Pelez la courge et coupez-la en morceaux (ou lavez la courgette et détaillez-la sans l'éplucher).

❸ Pelez l'ail et l'oignon et émincez-les.

❹ Lavez le persil et hachez-le. Conservez-en un peu pour l'ajouter cru sur la soupe.

❺ Lavez les gombos, retirez le pédoncule.

❻ Faites chauffer 50 à 70 cl d'eau salée – selon l'épaisseur souhaitée pour la soupe.

❼ Plongez tous les légumes dans l'eau bouillante et laissez mijoter 15 minutes.

❽ Mixez, puis rectifiez l'assaisonnement. Poivrez.

Servez bien chaud en saupoudrant avec le persil réservé et en ajoutant quelques gouttes de jus de citron vert.

**Feuilles de patate douce.**

# GRENADE

Fruit du *Punica granatum*
**Famille des Lythracées**
**Type de plante :** vivace
**Origine :** Asie occidentale, Moyen-Orient
**Partie comestible :** fruits

**La grenade est un fruit voluptueux, juteux, savoureux. Elle se consomme comme fruit de table, accompagne les salades de fruits, mais aussi les plats de viande ou la volaille qu'elle vient « sertir » de ses graines luisantes, une fois les préparations cuites. Très riche en polyphénols, la grenade a des propriétés antioxydantes d'autant plus importantes qu'elle se consomme uniquement crue. On peut acheter du jus de grenade en bouteille – il est riche en nutriments.**
**Parfaitement acclimaté aux climats doux et secs du sud de la France, le grenadier se plaît jusqu'en Pays de Loire. Facile à cultiver dans les jardins, la petite taille de l'arbuste permet de l'intégrer facilement dans les haies où ses qualités ornementales sont appréciées.**

## Conseils de culture

- **Exposition :** ensoleillée, à l'abri du vent.
- **Climat :** en pleine terre en climat méditerranéen. Ailleurs, en bac pour pouvoir l'hiverner. Peut résister jusqu'à -15 °C s'il est bien abrité, par exemple par un mur.
- **Parcours de culture :** la plantation s'effectue au printemps, de préférence en sol argilo-limoneux, mais l'arbre tolère le calcaire.
- **En pleine terre :** creusez un trou de 1 mètre en tous sens et drainez le fond avec 20 cm de gravillons. Mélangez la terre extraite à du fumier bien décomposé et versez un peu de ce mélange au fond du trou. Installez l'arbre dont vous aurez praliné les racines. Finissez de remplir le trou avec le mélange terre-fumier et tassez autour du pied. Arrosez abondamment. La première mise à fruits intervient généralement la quatrième année après la plantation.
- **En bac :** choisissez un bac profond mais sans réserve et drainez le fond avec 30 cm de billes d'argile. Préparez un mélange de bonne terre du jardin et de terreau. Versez-en un peu au fond du pot et installez l'arbre en étalant les racines au maximum. Finissez de remplir le bac, tassez autour du tronc et arrosez.
- **Arrosage :** abondant dans les deux années suivant la plantation.
- **Maladies et ravageurs :** pucerons, zeuzères.
- **Récolte :** de septembre à décembre.

# TABOULÉ de sarrasin à la grenade

prép. 20 min  repos 30 min

POUR 3 PERSONNES

- 1 grenade
- 200 g de graines de sarrasin
- 1 oignon rouge ou blanc
- 1/2 bouquet de persil plat
- Une dizaine de feuilles de menthe
- Le jus de 2 citrons
- 5 c. à soupe d'huile d'olive
- Sel poivre
- Cumin

1. Faites bouillir 40 cl l'eau. Plongez-y le sarrasin, coupez le feu, couvrez et laissez reposer pendant 30 minutes. Égrainez à la fourchette : toute l'eau doit avoir été absorbée, sinon égouttez.
2. Pelez l'oignon et émincez-le en tout petits dés. Lavez le persil et la menthe, puis ciselez-les.
3. Coupez la grenade en quatre et récupérez les graines à l'aide d'une fourchette.
4. Mélangez tous les ingrédients dans un saladier. Arrosez de jus de citron et d'huile d'olive. Salez, poivrez, saupoudrez de cumin.

Placez au frais jusqu'au moment de servir.

# RAGOÛT DE LENTILLES aux aubergines et grenade

prép. 20 min   cuis. 40 min

POUR 2-3 PERSONNES

- 1 grenade épépinée
- 150 g de lentilles vertes ou brunes
- 1 aubergine coupée en dés
- 3 gousses d'ail
- 1 petit oignon jaune
- 1 c. à café de cumin en grains
- 2 c. à soupe d'huile d'olive
- 1 c. à soupe de farine de sarrasin
- Le jus de 1 citron
- 3 c. à soupe de mélasse
- Un petit verre de coriandre fraîche hachée
- Sel et poivre du moulin

❶ Rincez les lentilles et plongez-les dans 60 à 70 cl d'eau non salée. Portez à ébullition. Baissez le feu et après 10 minutes, ajoutez les dés d'aubergine. Prolongez la cuisson pendant 20 minutes.

❷ Pelez l'ail et l'oignon et détaillez-les finement. Faites-les revenir dans une poêle avec l'huile d'olive et les graines de cumin pendant 5 minutes. Quand l'odeur de l'ail frit commence à se faire sentir (attention, l'ail ne doit pas brûler), ajoutez la farine, la mélasse et la moitié du jus de citron. Mélangez soigneusement pendant quelques instants.

❸ Ajoutez le contenu de la poêle et la moitié de la coriandre aux lentilles, salez et poivrez, puis prolongez la cuisson pendant 5 minutes.

❹ Ajoutez alors le reste du jus de citron. Mélangez et versez dans un plat. Ajoutez les graines de grenade et le reste de coriandre hachée. Arrosez d'huile d'olive au moment de servir.

# KAKI

Fruit du ***Diospyros kaki***
**Famille des Ebénacées**
**Plante vivace**
**Origine :** Chine, Japon
**Partie comestible :** fruits

**Le kaki est le fruit du plaqueminier, un grand arbre qui a la particularité de porter ses fruits après la chute de ses feuilles, ce qui leur donne un petit air de boules de Noël. La chair orangée de ce gros fruit (pesant parfois jusqu'à 500 g) est juteuse et savoureuse et sa texture rappelle celle de la mangue ou de la papaye, l'astringence en plus. Sa peau est très fine et contient peu de graines. On le récolte mûr, voire blet, et il est conseillé de le consommer rapidement car il est alors très fragile. Cru ou cuit, sa teneur en vitamine C, fer et polyphénols lui confère des vertus antioxydantes intéressantes.**

## Conseils de culture

- **Exposition :** ensoleillée.
- **Climat :** tous.
- **Parcours de culture :** la plantation se fait à l'automne ou au printemps. Il est préférable d'acheter en pépinière un sujet déjà assez gros car le plaqueminier pousse très lentement. Privilégiez un scion à racines nues plutôt qu'en container : il reprendra mieux. Le sol doit être bien drainé, légèrement acide mais surtout pas trop argileux. Préparez un grand trou de plantation pour que les racines puissent s'installer sans se plier. Apportez un mélange de terre et de compost bien mûr dans le fond du trou. Après avoir praliné les racines, installez le scion et profitez-en pour installer son tuteur en même temps. Rebouchez le trou en laissant une cuvette pour l'arrosage.
- **Arrosage :** abondant la première année.
- **Maladies et ravageurs :** mouche des fruits, cochenilles, maladie du collet.
- **Récolte :** après les premières gelées.

# PUDDING de kaki à la clémentine

prép. 20 min cuis. 45 min

1. Préchauffez le four à 180 °C.
2. Faites ramollir le pain dans un peu d'eau. Pressez-le entre les mains pour retirer l'excédent d'eau et réservez.
3. Rincez les raisins et faites-les réhydrater dans le jus de clémentine pendant 10 minutes.
4. Pendant ce temps, fouettez les œufs avec le sucre dans un saladier. Ajoutez le lait, le pain émietté, les raisins secs et le jus de clémentine. Mélangez soigneusement.
5. Pelez le kaki et détaillez-le en dés.
6. Beurrez un moule et versez-y la préparation. Répartissez des morceaux de kaki.
7. Mettez au four pour 45 minutes.
8. Laissez refroidir complètement avant de déguster.

POUR 6-8 PERSONNES

- 1 kaki
- 300 g de pain dur
- 100 g de raisins secs
- Le jus de 2 clémentines
- 3 œufs
- 100 g de sucre blond
- 80 cl de lait de soja vanille
- 1 noix de beurre

# CHUTNEY kaki-clémentine

prép. 15 min cuis. 35 min

❶ Pelez l'oignon et les kakis et détaillez-les en petits dés.

❷ Pressez le jus des clémentines. Récupérez le zeste de l'une d'elles, retirez le maximum de peau blanche (ziste), puis hachez le zeste.

❸ Dans une casserole, faites revenir les dés d'oignon avec la feuille de laurier. Quand l'oignon est translucide, ajoutez le reste des ingrédients.

❹ Laissez mijoter pendant environ 25 minutes sans couvrir jusqu'à ce que le liquide ait été absorbé. Mélangez la préparation de temps en temps.

❺ Laissez refroidir avant de mettre en pot.

Ce chutney se mariera très bien avec des viandes blanches comme du poulet rôti ou du poulet froid en terrine ou en salade, du porc en charcuterie, voire des terrines 100 % végétales comme le farci charentais ou poitevin.

POUR 1 GRAND POT

- 1 gros oignon jaune
- 2 kakis
- 2 clémentines
- 1 feuille de laurier
- 2 c. à soupe de miel
- 1 c. à café de gingembre frais râpé (ou 1/2 c. à café de cumin en poudre)
- 5 cl de vinaigre de pomme
- 5 cl de vin blanc
- 1/2 c. à café de sel
- 1 c. à soupe d'huile d'olive
- Poivre du moulin (ici, poivre timut, au parfum d'agrume)

# KIWANO

*Cucumis metuliferus*

**Famille des Cucurbitacées**

**Autres noms :** concombre cornu d'Afrique, concombre du Kenya, concombre métullifère, métulon

**Plante annuelle**

**Origine :** Afrique

**Partie comestible :** fruits

**Étonnant de beauté avec ses couleurs lumineuses, vert, orange et jaune, le kiwano offre de surcroît des saveurs inédites, à la fois acidulées et sucrées, au parfum de banane. Mais une fois passée la première barrière, celle de ses pointes dissuasives, ses nombreux pépins rendront la dégustation et la préparation légèrement compliquées. Le beau et le bon, que voulez-vous, ça se mérite ! Comme la plupart des Cucurbitacées, le kiwano peut se tuteurer et être cultivé en tonnelle par exemple. Dans de nombreux pays africains, c'est un légume-fruit on ne peut plus traditionnel, dont on consomme aussi les feuilles, cuisinées à la façon des épinards.**

## Conseils de culture

- **Exposition :** ensoleillée.
- **Climat :** tous mais chaud en été, dans un sol riche et humifère.
- **Parcours de culture :** semez le kiwano en godets au mois d'avril et repiquez-le en mai en pleine terre, enrichie en compost. Les fruits mûrissent tard en saison, généralement pas avant le mois d'octobre. Il a besoin de beaucoup de chaleur.
- **Arrosage :** régulier au pied et non par aspersion.
- **Maladies et ravageurs :** bonne résistance aux maladies.
- **Récolte :** septembre à octobre, lorsque les fruits ont viré à l'orange et avec des gants ! Le fruit est en effet hérissé de pointes et les tiges sont couvertes de poils très piquants. Les fruits se conservent pendant plusieurs mois, à température ambiante, à l'intérieur de la maison. Cueillis verts, ils peuvent continuer à mûrir, mais il faut impérativement tous les ramasser avant les premières gelées.

# COCKTAIL DE KIWANO à l'églantine

prép. 15 min réfrigération 1 h

POUR 3 PERSONNES

- 1 kiwano
- 3 c. à soupe de sirop d'églantine (ou de grenadine, cerise, cassis…)
- Le jus de 1 citron vert
- 1 l de limonade

❶ Coupez le kiwano en deux. Prélevez la pulpe verte et les graines en grattant à l'aide d'une fourchette. Retirez le maximum de graines.

❷ Dans une bouteille en verre, versez le sirop, le jus de citron et la pulpe de kiwano. Secouez, puis ajoutez la limonade. Placez au frais pendant au moins 1 heure.

Servez dans des verres glacés (placés au congélateur un peu à l'avance) ou ajoutez des glaçons.

# GELÉE de kiwano

prép. 15 min cuis. 45 min

➊ Prélevez la pulpe de tous les kiwanos. Pesez la pulpe – j'ai obtenu 400 g mais le poids peut varier en fonction de la taille de vos fruits.

➋ Ajoutez un verre d'eau et faites cuire à feu doux pendant 15 minutes.

➌ Passez au tamis fin pour récupérer la pulpe.

➍ Remettez-la dans une casserole avec le sucre et laissez cuire à feu doux pendant environ 30 minutes, en remuant régulièrement.

Versez dans des pots préalablement ébouillantés.

POUR 2 POTS

- 3 ou 4 kiwanos soit environ 400 g de pulpe (avec pépins)
- 200 g de sucre blond (l'équivalent de la moitié du poids total de la pulpe)

# MAÏS

*Zea mays*
Famille des Poacées
Plante annuelle
**Origine** : Mexique, Amérique centrale
**Partie comestible** : fruits

**Le maïs était la nourriture de base des Amérindiens avant l'arrivée de Christophe Colomb. Il était alors cultivé selon la technique dite « des trois-sœurs » qui l'associait à la courge et au haricot, autres éléments de base de leur alimentation – et, aujourd'hui encore, aliments incontournables de la gastronomie mexicaine, au même titre que le poivron ou la tomate. Introduit en Europe comme plante potagère et fourragère, le maïs est devenu le symbole de l'agriculture intensive, en Europe de l'Ouest, aux États-Unis et en Chine.**
**Il existe énormément de variétés de maïs. Au potager, on peut cultiver des variétés de maïs doux, aux grains jaunes, les plus répandus, mais aussi des variétés à popcorn ou des variétés plus rustiques pour nourrir les volailles.**
**Le maïs doux se consomme grillé, cuit à l'eau ou à la vapeur, ou tout simplement cru s'il est récolté au stade laiteux, en accompagnement, en soupe, en salade. Ses spathes (les feuilles entourant l'épi) peuvent être utilisées comme papillotes, comme dans la recette mexicaine des *tamales* où elles enrobent une pâte à base de maïs généralement cuits à la vapeur.**

## Conseils de culture

- **Exposition** : très ensoleillée.
- **Climat** : chaud en été.
- **Parcours de culture** : Semez à partir de la mi-avril jusqu'à la mi-juillet, dans un sol frais et meuble (prévoyez au moins deux semis espacés d'un mois pour étaler la récolte). Après avoir aéré et affiné la terre à l'aide d'un croc et d'un râteau, semez en lignes espacées de 60 cm. Déposez 2 ou 3 graines tous les 40 cm – pour ne garder par la suite que la plus vigoureuse – et recouvrez-les de terre fine. Binez de temps en temps. Buttez le pied lorsqu'il fait environ 30 cm de haut : cela permettra un meilleur enracinement et une plus grande résistance au vent. Vous pouvez ensuite pailler pour économiser l'eau car vous devrez beaucoup l'arroser.
- **Arrosage** : très régulier, surtout en été car le maïs est exigeant en eau.
- **Maladies et ravageurs** : mouche du maïs, charbon du maïs.
- **Récolte** : automne, au fur et à mesure des besoins.

MAÏS

# SOUPE moulinée au maïs

prép. 20 min cuis. 30 min

POUR 3 PERSONNES

- 3 épis de maïs
- 70 cl de lait (ou d'un mélange moitié lait-moitié eau)
- 2 brins de persil
- 1 pincée de thym séché
- 2 échalotes
- 2 c. à soupe d'huile d'olive
- Paprika en poudre
- Sel et poivre

1 À l'aide d'un grand couteau, retirez les grains de maïs. Tranchez l'épi en deux dans la longueur pour rendre cette opération plus facile. Réservez les grains.

2 Plongez les cœurs d'épis dans le lait avec le persil et le thym. Salez et poivrez. Faites chauffer le lait et maintenez à légers frémissements pendant 5 minutes. Couvrez et laissez infuser.

3 Pendant ce temps, pelez les échalotes et émincez-les. Faites-les revenir dans une casserole avec l'huile d'olive. Lorsqu'elles sont translucides, ajoutez les grains de maïs et laissez cuire pendant 10 minutes en remuant régulièrement.

4 Retirez les cœurs d'épis et filtrez le lait. Remettez-le dans la casserole et ajoutez les grains de maïs, dont vous aurez réservé 3 cuillères à soupe pour le dressage. Faites cuire 10 minutes. Mixez dans un blender, puis filtrez la soupe. Rectifiez l'assaisonnement.

5 Réchauffez juste avant de servir, ajoutez 1 cuillère de grains de maïs dans chaque assiette et saupoudrez de paprika.

# SALADE de maïs doux au poivron

prép. 15 min cuis. 5 min

❶ Ébouillantez les épis de maïs pendant 5 minutes. Laissez-les refroidir avant de retirer les graines à l'aide d'un grand couteau.

❷ Lavez le poivron et coupez-le en petits dés. Pelez l'oignon et détaillez-le, également en petits dés. Lavez le persil (ou la coriandre) et ciselez-le.

❸ Mélangez tous les ingrédients dans un saladier. Ajoutez les graines de chia. Arrosez du jus de citron et de l'huile. Salez et poivrez ou ajoutez un peu de piment frais ou en poudre.

POUR 3 PERSONNES

- 2 épis de maïs frais
- 1/2 poivron vert
- 1/2 oignon rouge
- 5 c. à soupe de persil ou de coriandre
- 1 c. à soupe rase de graines de chia
- Le jus de 1 citron
- 2 c. à soupe d'huile d'olive
- Sel et poivre
- Piment (facultatif)

**Graines de chia produites en France**

Le chia est une plante de la famille des sauges, originaire d'Amérique du Sud, mais on peut tout à fait en semer dans de nombreuses régions françaises. On sème au printemps quand les gelées ne sont plus à craindre, idéalement dans une terre déjà un peu réchauffée. Le chia a besoin d'humidité pour germer et lever mais ensuite, il supportera les épisodes de chaleur, voire de sécheresse.
Ses épis de fleurs bleues, violettes ou blanches produisent de minuscules graines, mais aussi un feuillage comestible à ajouter aux salades. Vous pouvez récolter les graines avant les premières gelées. Les tiges sèches pourront en outre servir de paillis.

# NASHI

Fruit du *Pyrus pyrifolia*
Famille des Rosacées
Plante vivace
Origine : Extrême-Orient, Asie
Partie comestible : fruits

**Ses nombreuses dénominations – pomme-poire, poire asiatique, japonaise, cristal ou des sables – brouillent d'autant plus les pistes que sa rondeur fait effectivement penser à une pomme. Pourtant, le nashi est bien une poire, fruit d'un arbre de petite taille cultivé au Japon depuis des siècles mais seulement introduit en France au début des années 1980.**
**Si sa saveur est relativement neutre, sa texture légèrement granuleuse, juteuse et rafraîchissante est très agréable. Le nashi se déguste cru – sans excès, sinon, gare aux désordres intestinaux ! – ou cuit, dans des préparations sucrées ou salées.**
**S'ils n'ont pas été meurtris, les fruits se gardent au moins trois semaines. Ils se prêtent volontiers à la conservation en bocaux.**

## Conseils de culture

- **Exposition :** ensoleillée ou légère ombre.
- **Climat :** même s'il est plutôt résistant au froid (-12 °C), il se comporte mieux en climat tempéré chaud.
- **Parcours de culture :** un nashi à racines nues se plante à l'automne. Faites un grand trou de 50 à 60 cm en tous sens. Préparez un mélange de compost et de terre du jardin et versez-en au fond du trou, sur environ 20 cm. Positionnez l'arbre après avoir praliné les racines et mettez un tuteur qui restera en place pendant 3 ou 4 ans. Rebouchez le trou. Arrosez et tassez, puis arrosez de nouveau avant de pailler.
- **Arrosage :** régulier du printemps à l'automne.
- **Maladies et ravageurs :** tavelure, carpocapse.
- **Récolte :** juillet à fin septembre selon les régions.

# TARTE TATIN aux nashis

prép. 25 min  cuis. 1 h

POUR 6-8 PERSONNES

- 8 à 10 nashis
- 30 g de beurre salé
- 100 g de sucre en poudre
- 1 pâte brisée
- Le jus de 1/2 citron

**Pour la crème fouettée**

- 4 c. à soupe de crème
- 2 c. à soupe de sucre en poudre

**Pour le dressage final**

- 1 petite poignée de noisettes

**Astuces**

Placez la crème, un bol et les fouets de votre batteur électrique au congélateur pendant au moins 15 minutes avant de monter votre chantilly.

## PRÉPARATION DE LA TARTE

1. Préchauffez votre four à 160 °C. Beurrez le plat à tarte avec 2 noix de beurre environ. Saupoudrez toute la surface avec 50 g de sucre.
2. Pelez les nashis, coupez-les en quatre et épépinez-les. Répartissez une partie des quartiers face bombée côté plat. Ajoutez le reste en sens inverse de manière à remplir les creux.
3. Enfournez et laissez cuire pendant 30 minutes à 160 °C. Une fois les nashis légèrement caramélisés, sortez le plat du four, arrosez avec le jus de citron et laissez refroidir pendant 10 minutes.
4. Étalez la pâte brisée de façon à ce qu'elle soit d'un diamètre légèrement supérieur au plat à tarte, et déposez-la sur les nashis. Appuyez légèrement sur toute la surface avec la paume de la main et repliez les bords de la pâte sur le pourtour du plat.
5. Remettez au four pour 30 minutes supplémentaires en augmentant la température à 180 °C.
6. Posez une grande assiette sur le plat et retournez le tout pour démouler la tarte.

## PRÉPARATION DE LA CRÈME ET DÉCO FINALE

1. Fouettez la crème avec le sucre au batteur électrique jusqu'à ce qu'elle gonfle et devienne légère.
2. Concassez grossièrement les noisettes.
3. Au moment de servir, répartissez la crème fouettée et les noisettes concassées sur la tarte.

# CANARD SAUTÉ au soja et nashis pochés à la verveine

prép. 20 min marinade 15 min cuis. 25 min

POUR 2-3 PERSONNES

- 2 ou 3 nashis
- 1 magret de canard d'environ 300 g
- 3 c. à soupe de sauce soja
- 1 c. à soupe de miel liquide (acacia) ou de sirop d'agave
- 1/2 c. à café de cardamome en poudre
- 1/2 l de tisane de verveine
- Le jus de 1 citron
- 1 c. à soupe de graines de sésame blond
- Une quinzaine de pistaches
- 1 bouquet de mâche par personne

❶ Avec un couteau, retirez les bords gras du magret et faites quelques incisions dans la couche de gras sans trancher jusqu'à la chair.

❷ Dans un plat creux, versez la sauce soja, le miel et la cardamome en poudre. Ajoutez le magret côté chair, laissez mariner 15 minutes.

❸ Pelez les nashis, épépinez-les et coupez-les en deux ou en quatre. Faites chauffer la tisane avec le jus de citron. Plongez les morceaux de nashis dans la tisane chaude, baissez le feu et laissez pocher pendant 10 minutes. Égouttez et réservez.

❹ Faites chauffer doucement une poêle. Lorsqu'elle est chaude, déposez le magret côté gras et conservez la marinade dans l'assiette. Laissez cuire 10 minutes à feu doux. Retirez la graisse fondue et retournez le magret 10 à 15 minutes. Réservez-le.

❺ Versez la marinade dans la poêle, ajoutez les graines de sésame et faites revenir les nashis pendant quelques instants.

Tranchez le magret et servez-le avec les nashis, les pistaches concassées et la mâche.

# SOUPE MISO aux chanterelles et nashi

prép. 15 min cuis. 20 min

POUR 3 PERSONNES

- 1 nashi
- 100 g de chanterelles
- 1 branche de kombu ou 2 c. à soupe d'algue sèche (ici, iziki et wakame)
- 4 c. à soupe de sauce soja
- 100 g de tofu fumé
- 100 g de nouilles de riz
- 1 c. à soupe de miso de riz (ou de soja)

1. Coupez les pieds des chanterelles. Rincez-les et égouttez-les.
2. Faites chauffer 1 litre d'eau avec les algues et la sauce soja.
3. Pelez, épépinez et coupez le nashi en tout petits morceaux.
4. Coupez le tofu fumé en petits dés.
5. Ajoutez le nashi, les champignons et le tofu au bouillon et laissez mijoter 10 minutes.
6. Ajoutez les nouilles de riz et prolongez la cuisson pendant 5 minutes. Si vous devez couper les nouilles, faites-le à l'aide d'une paire de ciseaux, une fois que les nouilles seront cuites, directement dans la casserole.
7. Juste avant de servir, prélevez une louche de bouillon pour y diluer le miso. Une fois bien dilué, ajoutez-le à la soupe et servez aussitôt.

### Miso artisanal français

Vous pourrez trouver du miso réalisé de manière artisanale selon la tradition japonaise dans l'entreprise française Yoromiso (voir carnet d'adresses), basée dans l'Aude. Les misos de soja, d'orge, de riz ou encore de pois chiches sont réalisés à partir de matières premières locales biologiques. Ils ne sont ni pasteurisés, ni chauffés afin de conserver les propriétés bénéfiques du miso, tant pour le système digestif que pour les défenses immunitaires. Vous pourrez même trouver des kits pour fabriquer votre miso maison !

**Misos artisanaux de lentilles, orge et riz.**

# PATATE DOUCE

*Ipomoea batatas*
Famille des Convolvulacées
Plante annuelle
**Origine** : imprécise, zones tropicales
**Parties comestibles** : tubercule, éventuellement feuilles

**Probablement originaire d'Amérique du Sud, la patate douce était connue en France dès le milieu du 18e siècle. Elle est cultivée dans les régions tropicales et largement utilisée dans la cuisine des îles (Polynésie, Réunion...), mais aussi dans la cuisine indienne. Ses tiges s'étalent au sol, formant un tapis dense. Il en existe plus de 500 variétés, à la chair blanche, jaune, violette, orange. Très polyvalente, elle se déguste en frites ou en chips, rôtie au four, en soupe, en purée, en gratin... La patate douce à chair orange a un profil nutritionnel particulièrement intéressant : elle contient de nombreuses vitamines, en particulier la vitamine A, ainsi que des minéraux et oligoéléments, des antioxydants, des glucides simples et complexes... Il n'y a guère que les protéines qui lui font défaut. Notons tout de même la présence d'oxalates, ce qui interdit sa consommation aux personnes sujettes aux calculs rénaux.**

## Conseils de culture

- **Exposition** : ensoleillée.
- **Climat** : arc méditerranéen, sous serre dans les régions plus froides.
- **Parcours de culture** : démarrage à l'intérieur (mars) en mettant un tubercule (ou un morceau de tubercule) dans un pot rempli de terreau. Plantation en pleine terre après les gelées (mai) à 40 cm sur le rang.
- **Arrosage** : régulier en cas d'été sec.
- **Maladies et ravageurs** : rongeurs.
- **Récolte** : octobre-novembre.

# PATATES DOUCES rôties au fenouil

prép. 15 min cuis. 20 min

POUR 3 PERSONNES

- 1 ou 2 patates douces selon leur taille
- 3 c. à soupe d'huile d'olive
- Le jus de 1 citron vert
- 1 pincée de thym effeuillé
- 1 c. à café de graines de fenouil ou d'anis
- Sel et poivre du moulin

1. Préchauffez le four à 180 °C.
2. Pelez les patates douces et coupez-les en rondelles de 1 cm d'épaisseur.
3. Dans un saladier, mélangez l'huile d'olive, le jus de citron vert, le sel et le poivre (selon votre goût), le thym et les graines de fenouil ou d'anis. Enrobez les rondelles de patate douce de cette préparation.
4. Placez les rondelles côte à côte sur une plaque allant au four, recouverte de papier cuisson.
5. Mettez au four pour environ 20 minutes. Retournez à mi-cuisson. Vérifiez la cuisson à l'aide de la pointe d'un couteau. Les rondelles doivent être tendres à l'intérieur et légèrement croustillantes à l'extérieur.

Dégustez tiède ou froid.

# HOUMOUS de patate douce à l'orange

prép. 15 min cuis. 20 min

❶ Pelez la patate douce avant de la couper en dés. Faites-la cuire à la vapeur pendant 15 à 20 minutes pour qu'elle soit bien tendre. Laissez refroidir.

❷ Prélevez le zeste de l'orange et coupez-le en deux. On n'en utilise qu'une moitié, conservez l'autre pour une utilisation ultérieure. Coupez l'orange et pressez-en le jus.

❸ Dans un robot, mixez la patate douce avec le jus et le zeste d'orange, le jus de citron, la purée et l'huile de sésame et la muscade. Salez et poivrez.

Versez dans un bol, puis ajoutez quelques graines de sésame.

## POUR UN BOL

- 1 grosse patate douce
- 1 orange
- Le jus de 1 citron jaune
- 4 c. à soupe de purée de sésame blanc (*tahin*)
- 4 c. à soupe d'huile de sésame
- 1/2 c. à café de muscade râpée
- 1 pincée de graines de sésame
- Sel et poivre

# GASPACHO DE PATATE DOUCE et cacahuètes

prép. 15 min   cuis. 20 min   réfrigération : 1 h

1. Pelez la patate douce et la pomme de terre, coupez-les en dés et faites-les cuire 20 minutes à la vapeur. Laissez refroidir.
2. Dans un blender, mixez-les avec le lait et la purée de cacahuète. Salez et poivrez. La texture doit être onctueuse mais pas trop dense. Ajoutez un peu d'eau de cuisson si nécessaire.
3. Placez au frais pendant au moins 1 heure avant de servir.

Servez dans des bols avec quelques cacahuètes concassées et de la ciboulette ciselée.

POUR 2-3 PERSONNES

- 1 petite patate douce
- 1 petite pomme de terre
- 50 cl de lait
- 1 c. à soupe de purée de cacahuètes*
- Cacahuètes entières non salées
- Quelques brins de ciboulette
- Sel et poivre

# CHIPS de patate douce au cumin

prép. 1 h 45 cuis. 20 min

POUR 2-3 PERSONNES

- 1 ou 2 patates douces de taille moyenne
- 3 c. à soupe d'huile d'olive
- 1/2 c. à café de cumin en poudre
- 1 bonne pincée de graines de cumin
- Sel et poivre

1. Préchauffez le four à 180 °C.
2. Pelez les patates douces et émincez-les en tranches de 2 mm. Utilisez une mandoline pour avoir des tranches régulières.
3. Dans un bol, mélangez l'huile avec les épices, le sel et le poivre.
4. Disposez les tranches sur une plaque allant au four, recouverte de papier cuisson.
5. Trempez un pinceau de cuisine dans l'huile et badigeonnez légèrement les tranches sur les deux côtés.
6. Mettez au four pour environ 20 minutes. Retournez à mi-cuisson. Les tranches ne doivent pas noircir mais devenir croustillantes. Ajustez le temps de cuisson si nécessaire. Laissez refroidir à l'air libre.

# PIMENT 'SERRANO'

***Capsicum annuum*** 'Serrano'
**Famille des Solanacées**
**Plante annuelle**
**Origine :** Mexique
**Partie comestible :** fruit

**À savoir**

L'échelle de Scoville classe les piments selon leur force. Elle possède 11 échelons : neutre, doux, chaleureux, relevé, chaud, fort, ardent, brûlant, torride, volcanique et explosif. Parmi les plus doux se trouvent les poivrons et le paprika et parmi les plus forts, caractérisés respectivement de torrides, volcaniques et explosifs, on trouve le piment 'de Cayenne' (torride), le 'Tabasco' (volcanique) et le Pepper x (explosif). Vous voilà prévenu !

**Les piments sont les fruits de plusieurs espèces de plantes de la famille des Solanacées, dont les formes, les couleurs et les saveurs varient énormément. Lisette Rault-Garcia, qui est originaire de Guadalajara, cultive différents piments mexicains dans les Deux-Sèvres : les 'Poblano', 'Japaléño', 'Habanero' et 'Serrano'. Nous avons jeté notre dévolu sur ce dernier, défini comme ardent ou brûlant sur l'échelle de Scoville (voir « À savoir »). On l'utilise donc en petite quantité. Ajouté entier dans une préparation, il sera moins fort qu'incisé ou coupé en morceaux car ses graines gorgées de capsaïcine, l'une des molécules responsables de la force des piments, resteront enfermées et feront ainsi moins de « dégâts » ! Notez que si le piment est très riche en vitamine C, davantage que les citrons ou les oranges, cette teneur se réduit au fur et à mesure qu'il se dessèche.**

## Conseils de culture

- **Exposition :** chaude et ensoleillée.
- **Climat :** tempéré chaud.
- **Parcours de culture :** le semis se fait en février-mars. Semez 2 à 3 graines en godet – vous ne conserverez ensuite que le plus beau plant. Ne recouvrez pas trop les graines et maintenez un substrat frais pour favoriser la levée. Repiquez en place en mai, éventuellement sous tunnel pour hâter la culture mais en aérant dès que la température dépasse 15 °C.
- **Arrosage :** régulier.
- **Maladies et ravageurs :** fonte des semis, mildiou, pourriture du collet.
- **Récolte :** juillet à septembre. Attention : si vous récoltez les graines pour vos futurs semis, mettez des gants en latex ou lavez-vous scrupuleusement les mains après l'opération (rappelez-vous : le 'Serrano' est un brûlant !).

# AGUACHILE ou ceviche aux crevettes

prép. 15 min marinade : 1 h 20

1. Préparez la marinade : mixez le concombre pelé et le piment dans le jus de citron. Filtrez.
2. Décortiquez les crevettes et rincez-les. Mettez-les dans un plat et recouvrez avec la marinade à base de concombre et de jus de citron. Placez au frais pendant 20 minutes.
3. Coupez l'oignon rouge, le concombre et la tomate en petits dés.
4. Ajoutez-les dans le plat de crevettes. Salez, poivrez et remettez au réfrigérateur 1 heure supplémentaire.
5. Servez bien frais en ajoutant un peu de coriandre.

POUR 3 PERSONNES

**Pour la marinade**

- 100 g de concombre pelé
- 1 petit piment 'Serrano'
- Le jus de 5 citrons verts
- 20 crevettes crues
- 1/2 oignon rouge
- 100 g de concombre
- 1 tomate
- Coriandre fraîche

# EN POUDRE, EN HUILE OU EN SAUCE ?

**Amateurs de sensations fortes, réjouissez-vous : la grande variété de piments disponibles un peu partout dans le monde permet de réaliser facilement sauces, huiles et autres poudres *muy caliente* !**

**Les petits piments sèchent naturellement à l'air libre en un mois environ. Vous pouvez aussi les suspendre à un fil, façon guirlande, ou utiliser un déshydrateur. Évitez simplement de les stocker les uns sur les autres. Une fois bien secs, mixez-les en poudre et conservez-les dans une petite boîte. Pour une saveur moins piquante, retirez les graines qui sont les parties les plus chargées en saveur brûlante.**

**Pour parfumer une huile, il suffit d'ajouter trois ou quatre piments frais hachés dans un litre d'huile d'olive et de laisser macérer quelques semaines.**

**Pour une sauce fraîche, hachez et mélangez piment, ail et oignon. Recouvrez d'huile et salez. Mixez si vous le souhaitez. On peut également utiliser cette sauce dans des plats cuits, comme les caris.**

# POBLAÑO ET JALAPEÑO :
## 2 PIMENTS, 4 SAVEURS !

Le poblaño est un piment doux se rapprochant de notre poivron. Au Mexique, il est consommé séché : on l'appelle alors piment ancho. Sa saveur douce et parfumée rappelle le tabac sec. Le piment ancho entre dans des recettes populaires comme le *mole* de Oaxaca. Réduit en poudre, il entre dans la composition de toutes sortes de plats : soupes, chili con carne, etc. Réhydraté et mixé en pâte avec du cumin ou de l'origan, il sert de base à diverses sauces ou marinades.
Le piment jalapeño, quant à lui, est soit récolté vert pour être vendu frais, soit récolté rouge, puis fumé avant d'être séché. Il devient ainsi le chipotles, prend une couleur brune et une saveur de chocolat, et est utilisé dans de nombreuses recettes au Mexique. Dans le commerce, on peut le trouver sec ou transformé en pâte.

# QUINOA

*Chenopodium quinoa*
**Famille des Amaranthacées**
**Plante annuelle**
**Origine :** Pérou, Bolivie
**Partie comestible :** graines

**Cultivé depuis plus de 5 000 ans sur les hauts plateaux des Andes, le quinoa n'a pas séduit les conquérants espagnols : en cause, sa teneur en saponine et l'absence de gluten, qui rend sa farine impropre à la panification. Dans les années 1970, le quinoa a fait son apparition dans les pays industrialisés, notamment sous l'impulsion du commerce équitable et des magasins de produits biologiques. Les variétés toujours cultivées en Amérique du Sud et exportées sont riches en saponine, qui mousse lors de la cuisson : il est donc indispensable de bien rincer le quinoa avant de le cuisiner. En revanche, les variétés que l'on fait pousser en France sont généralement exemptes de saponine et leurs grains sont plus bruns et de plus petite taille.**
**Le quinoa se consomme de nombreuses façons : en accompagnement, en salade, en galettes, en soupe. Contrairement aux céréales, il est équilibré en acides aminés essentiels et c'est un aliment de choix pour les personnes allergiques ou intolérantes au gluten.**

## Conseils de culture

- **Exposition :** ensoleillée.
- **Climat :** tempéré.
- **Parcours de culture :** en mars-avril, semez les graines à la volée en caissettes ou en pots. Recouvrez-les d'une fine couche de terreau puis arrosez.
- Lorsque les plants ont 2 feuilles, repiquez-les une première fois dans des pots individuels ou en pépinière, en les espaçant de 8 à 10 cm. Au stade 4 à 6 feuilles (les plants font alors environ 10 cm), repiquez-les au potager. Pour obtenir de grands plants, espacez-les de 50 cm en tous sens à la plantation. Des tuteurs seront alors nécessaires pour éviter qu'ils ne se renversent. Repiqués plus serrés (20-30 cm), les plants seront plus petits mais il y aura moins de risque qu'ils se renversent. Sinon, vous pouvez semer légèrement à la volée à raison de 1 g/m$^2$. Le quinoa est assez gourmand en engrais azoté.
- **Arrosage :** surtout en période de floraison, si le sol est sec.
- **Maladies et ravageurs :** oïdium, mildiou, limaces, pucerons, punaises.
- **Récolte :** août-septembre.

# PAPITAS au thon

prép. 40 min cuis. 15 min (quinoa) + 15 min (friture)

POUR ENVIRON 8 PAPITAS

- 1 quignon de pain sec ou 2 tranches de pain de mie sec
- 150 g de quinoa
- 3 petits œufs
- 1 boîte de thon (150 g poids égoutté)
- 1 citron
- 1 piment 'Serrano'
- 2 c. à soupe de persil haché
- 1 bol de chapelure
- Huile d'olive ou huile spéciale friture
- Sel et poivre
- Jus de citron pour la dégustation

❶ Faites tremper le pain dans 10 cl d'eau (ou de lait) jusqu'à ce qu'il ramollisse.

❷ Rincez abondamment le quinoa, puis faites-le cuire dans une fois et demie son volume d'eau salée pendant 15 minutes (démarrage à froid). Quand le quinoa aura absorbé presque toute l'eau, égouttez-le dans une passoire fine jusqu'à refroidissement.

❸ Fouettez 2 œufs dans un saladier. Ajoutez le quinoa et le pain après l'avoir pressé entre vos mains pour enlever l'excédent de liquide. Mélangez soigneusement.

❹ Dans un bol, préparez la farce en mélangeant le thon et l'œuf restant. Ajoutez le jus de citron, le piment haché (avec ou sans les graines, selon votre tolérance au piquant). Salez et poivrez.

❺ Formez une boule de quinoa dans vos mains en tassant bien. Faites un trou en appuyant avec votre pouce, insérez un peu de farce et rebouchez avec un peu de quinoa. Roulez la boule dans la chapelure, puis formez des galettes régulières et bien tassées.

❻ Faites chauffer l'huile dans une poêle et faites frire les *papitas* quelques minutes de chaque côté. Attendez que la première face soit bien dorée avant de la retourner. Déposez-les sur du papier absorbant.

Dégustez les *papitas* une fois refroidis, accompagnés d'une salade et d'une sauce comme la *salsa verde* (voir p. 125) et de jus de citron.

# SOUPE DE QUINOA bolivienne

prép. 20 min cuis. 40 min

POUR 4 PERSONNES

- 80 g de quinoa
- 2 petites carottes
- 2 pommes de terre (environ 180 g)
- 4 branches de persil
- 2 gousses d'ail
- 1 oignon
- 1 c. à café de graines de cumin
- 80 g de haricots blancs cuits
- 1 c. à soupe de concentré de tomates
- 1/2 bouquet de coriandre
- 1/2 citron vert et 1/4 d'avocat par personne pour l'accompagnement

1. Rincez soigneusement le quinoa dans un saladier jusqu'à ce que l'eau soit claire.
2. Pelez les carottes et les pommes de terre et coupez-les en brunoise (dés de 2 ou 3 mm).
3. Lavez le persil et hachez-le.
4. Pelez l'ail, émincez-le.
5. Pelez l'oignon et faites-le revenir doucement dans une grande casserole avec 1 cuillère à soupe d'huile d'olive. Lorsqu'il est translucide, ajoutez les carottes, les pommes de terre, le persil haché, l'ail et le cumin. Faites revenir le tout pendant 10 minutes, puis ajoutez 1 litre d'eau chaude. Laissez mijoter 10 à 15 minutes.
6. Ajoutez le quinoa, les haricots blancs et le concentré de tomates. Prolongez la cuisson à feu doux pendant 15 minutes.
7. Lavez et hachez la coriandre. Ajoutez-la au moment de servir. Mettez aussi les tranches d'avocat dans les bols et arrosez de jus de citron.

**Astuce**

Si vous utilisez des haricots secs, pensez à les faire tremper une nuit la veille de les cuisiner. Le lendemain, rincez-les puis faites-les cuire (démarrage à froid) dans une grande quantité d'eau non salée et additionnée de sarriette, de thym et/ou d'un morceau de kombu (ou d'1 cuillère à café rase de bicarbonate) pendant une heure à une heure et demie.

# SHISO

*Perilla frutescens*
**Famille des Lamiacées**
**Autres noms :** périlla, pérille de Nankin, sésame sauvage
**Plante annuelle**
**Origine :** Asie du Sud-Est
**Partie comestible :** feuilles

**Avec des saveurs mélangées d'anis, de mélisse, de cannelle et de réglisse et des notes à la fois épicées, sucrées et piquantes, pas étonnant que le shiso soit si prisé en cuisine ! Ses synonymes sont à ce titre parlants : selon les régions, on l'appelle basilic japonais, mélisse verte sauvage ou encore menthe pourpre. On l'ajoute aux salades, aux bouillons ou simplement ciselé sur de nombreux plats. Cette Lamiacée, très consommée au Japon – elle entre dans la préparation des tempuras, sashimis et sushis – ou en Corée, compte par ailleurs de nombreuses variétés dont certaines permettent d'extraire une huile aux propriétés médicinales, utilisée également en cosmétique pour ses propriétés assouplissantes et restructurantes pour peaux fragiles ou matures. L'Europe a découvert le shiso au cours du 19e siècle, d'abord uniquement comme plante ornementale. Ce n'est que très récemment que l'on a pris conscience de ses autres vertus.**

## Conseils de culture

- **Exposition :** ensoleillée.
- **Climat :** tous, en sol drainant.
- **Parcours de culture :** démarrez la culture du shiso en mars, sous abri, pour une plantation en pleine terre – en avril dans le Sud, en mai dans le Nord –, quand la plantule est au stade 4-5 feuilles, en respectant 20 à 30 cm d'intervalle. Dans les régions aux hivers cléments (le shiso résiste rarement en dessous de -8 °C), un semis tardif peut aussi être envisagé pour une mise en place en fin d'été ou en début d'automne. La plante se développera dès le début du printemps suivant.
- **Arrosage :** quelques arrosages en été pour maintenir la terre humide à ses pieds.
- **Maladies et ravageurs :** bonne résistance aux maladies.
- **Récolte :** vers fin août, quand les feuilles sont bien développées, et jusqu'aux premiers froids.

SHISO

# ROULEAUX de printemps aux feuilles de shiso

prép. 25 min cuis. 10 à 15 min

POUR 5 PERSONNES

- 50 g de vermicelles de riz
- 1 concombre
- 5 feuilles de salade
- 5 feuilles de shiso
- 5 grandes feuilles de riz (28 cm)
- 1 morceau de radis noir

**Pour la sauce**

- 5 c. à soupe de sauce soja
- 1 c. à soupe d'huile de sésame toastée
- 3 c. à soupe d'eau
- 1 c. à soupe de graines de sésame
- 1 trait de sirop d'agave

**Astuce pour une sauce plus onctueuse**

1 c. à soupe de purée de cacahuètes*
4 c. à soupe d'eau
1 c. à soupe de sirop d'agave
Sel (ou 1 c. à soupe de sauce soja)
Diluez progressivement la purée et l'eau, puis ajoutez les autres éléments.

❶ Déposez les vermicelles de riz dans un saladier et recouvrez-les d'eau bouillante pendant 10 à 15 minutes afin de les attendrir. Ce temps suffit à leur cuisson. Égouttez-les et coupez-les en tronçons à l'aide d'une paire de ciseaux.

❷ Lavez le concombre et coupez-le en bâtonnets de 10 cm. Ne le pelez pas mais retirez les graines.

❸ Lavez les feuilles de salade et de shiso et séchez-les.

❹ Procédez à la confection des rouleaux de printemps. Trempez une feuille de riz dans de l'eau tiède ou chaude pendant quelques secondes, puis déposez-la sur le plan de travail.

❺ Au centre, déposez les ingrédients dans cet ordre : 1 feuille de shiso, 1 feuille de salade, un peu de vermicelles de riz et des bâtonnets de concombre.

❻ Repliez d'abord les côtés puis le bas, et roulez vers le haut en maintenant fermement les éléments.

❼ Procédez ainsi pour les 5 rouleaux. Si vous ne les consommez pas rapidement, enroulez-les dans du papier étirable et stockez-les au frais pour qu'ils ne sèchent pas.

❽ Mélangez les ingrédients de la sauce dans un bol.

# SOUPE DE BŒUF au shiso

prép. 15 min   cuis. 30 min

POUR 3 PERSONNES

- 3 feuilles de shiso
- 10 cm de kombu déshydraté
- 1 brin de citronnelle
- 1 gousse d'ail
- 3 c. à soupe de sauce soja
- 2 c. à soupe d'huile de sésame
- 4 shiitakes frais
- 2 anchois
- Quelques brins de ciboulette
- 250 g de filet de bœuf
- 70 g de nouilles ramen
- 1 c. à soupe de miso

❶ Faites chauffer 1 litre d'eau dans une casserole avec le kombu, la citronnelle émincée, la gousse d'ail pelée et émincée, la sauce soja et l'huile de sésame. Maintenez à petits bouillons pendant 10 minutes, puis couvrez et laissez reposer.

❷ Pendant ce temps, lavez les champignons shiitakes, retirez les pieds et émincez les chapeaux. Lavez les feuilles de shiso et émincez-les.

❸ Ajoutez les anchois, les feuilles de shiso et les shiitakes au contenu de la casserole et remettez à mijoter pendant 15 minutes.

❹ Lavez la ciboulette et émincez-la.

❺ Émincez le filet de bœuf en tranches très fines et réservez.

❻ Au bout de 15 minutes, ajoutez les nouilles ramen et laissez cuire 3 à 4 minutes.

❼ Prélevez une louche de bouillon dans laquelle vous diluerez le miso avant de l'incorporer.

❽ Mettez ensuite le bœuf et servez immédiatement en ajoutant la ciboulette.

# TOMATILLE

*Physalis ixocarpa* ou *P. philadelphica*
Famille des Solanacées
Autres noms : tomatillo, tomatillo du Mexique
Plante annuelle
Origine : Amérique centrale
Partie comestible : fruits

**Imaginez le fruit des amours entre une tomate et un physalis et vous visualiserez à quoi ressemble une tomatille ! Cette Solanacée, originaire du Mexique (comme les pommes de terre ou les tomates), se consomme généralement cuite, et permet de réaliser la *salsa verde*, une sauce pimentée qui accompagne de nombreux plats au Mexique. Ses fruits de couleur verte, parfois pourpre ou jaune selon les variétés, doivent être consommés avant maturité. On peut les ajouter à une ratatouille mais, une fois cuites, les tomatilles apporteront plutôt une note acide, contrairement aux tomates à la saveur nettement plus sucrée. On peut cultiver la tomatille au jardin en la tuteurant comme l'aubergine ou en la laissant ramper au sol. Quel que soit le mode de culture que vous choisirez, sa hauteur ou son envergure seront similaires, environ un mètre.**

## Conseils de culture

- **Exposition** : soleil ou mi-ombre.
- **Climat** : tous, dans un sol riche, meuble et drainant.
- **Parcours de culture** : semez les graines en mars-avril à l'abri et au chaud, pour une plantation en pleine terre en mai, lorsque les gelées ne sont plus à craindre, à environ 1 m de distance.
- **Arrosage** : la racine pivotante recherche profondément les ressources en eau disponibles. N'arrosez donc copieusement qu'en cas de sécheresse prolongée.
- **Maladies et ravageurs** : gastéropodes, mais uniquement au stade de plantule.
- **Récolte** : elle commence vers fin juillet (et peut se poursuivre jusqu'aux premières gelées) lorsque les fruits à maturité changent de couleur, passant du vert pâle au violet ou au jaune selon la variété, et fendent l'enveloppe fine qui les entoure. Un seul pied peut produire plusieurs centaines de fruits !

# SALSA verde picante

prép. 15 min · cuis. 10 min

POUR UN BOCAL DE 25 CL

- 500 g de tomatilles
- 3 gousses d'ail
- 1 bouquet de coriandre fraîche
- 1 petit oignon blanc
- 1 piment 'Serrano'
- 1 jus de citron vert
- Sel

1. Lavez les tomatilles après avoir retiré leur voile.
2. Lavez les gousses d'ail avec leur peau.
3. Lavez la coriandre et hachez-la grossièrement en retirant les plus grosses tiges.
4. Pelez l'oignon blanc et émincez-le.
5. Dans une poêle en fonte (ou au four, sur une plaque recouverte de papier cuisson), faites griller les tomatilles, le piment et les gousses d'ail en tous sens, pendant 10 minutes.
6. Laissez refroidir un peu.
7. Ouvrez le piment en deux (retirez les graines si vous préférez une saveur plus douce).
8. Retirez la peau des gousses d'ail.
9. Dans un blender, mixez tous les ingrédients avec le jus de citron.
10. Salez à votre goût.

Cette sauce se déguste avec des tacos ou des *papitas* au quinoa (voir recette p. 114).

# Carnet d'adresses

**Légumes japonais et asiatiques : choux, navets, radis, aromates...**
Jean-Philippe Agnese, paysan en maraîchage naturel chez L'ours vert à Aubigny-sur-Nère (18).
Page Facebook : https://www.facebook.com/LOVLOURSVERT

**Produits japonais**
Installée à Caudebronde (11) depuis 2003, Yoromiso fabrique artisanalement des produits alimentaires biologiques à base de plantes médicinales sauvages : pâtés végétaux, pestos, mélanges de plantes séchées, gomasio (condiment japonais à base de sel et de sésame grillé). Depuis 2014, Yoromiso produit également une gamme de misos selon les techniques traditionnelles japonaises.
https://www.yoromiso.fr/
contact@yoromiso.fr

**Kit de culture du shiitake**
Champi-pousse création à Saint-Servais (22)
Tél. 09 66 93 44 77
https://www.champi-pousse.fr/

**Culture et vente de shiitakes**
La Cave vivante du champignon au Puy-Notre-Dame (49)
Tél 02 41 40 36 47
https://www.lechampignon.com

**Cultures africaines : gombos, piments, aubergines, kiwano, oseille d'Afrique, patates douces...**
Francis et Léonie Minoza cultivent en bio sur un peu moins de 2 hectares (dont 1 hectare sous serre) sur leur exploitation du Petit-Grais à Chiché (79).

**Quinoa**
Florent Simmonet est producteur à Niort (79) et vend dans les épiceries de produits locaux. Il a bénéficié des conseils et expériences de la Coopérative agricole des Pays de Loire.

**Quinoa d'Anjou**
Produit au cœur de l'Anjou depuis 2009, le quinoa y trouve des conditions idéales : des températures stables et peu d'humidité. Trois cents agriculteurs se sont engagés dans la toute première et unique filière française de quinoa et en produisent plus de 2 000 tonnes par an, une production encadrée par la CAPL (Coopérative agricole des Pays de la Loire).
https://quinoadanjou.fr

**Tomatilles, maïs, patates douces**
Rémi Perez, maraîcher qui cultive en bio à La Chapelle-Saint-Étienne (79), vend ses productions à la ferme, dans des Amap et sur les marchés de Cholet et de Pescalis. https://chezmonmaraicher.fr

**Légumes mexicains : chili, pimentos, tomatilles...**
Tomatillos y chiles – les jardins de la Belle, à Celles-sur-Belle (79)
Lissette Rault García cultive les légumes de son pays d'origine, le Mexique, et a « converti » son mari Manuel Rault, agriculteur, associé de l'Earl Les Jardins de la Belle.
https://www.facebook.com/LesJardinsdelaBelleTomatillos/
https://www.jardinsdelabelle.com/
(production non biologique mais pratique d'agriculture durable)

## Remerciements

Un grand merci aux producteurs de nous avoir accueillis, d'avoir partagé leurs conseils de culture et permis de déguster les fruits et légumes de leur production :

- Léonie et Francis Minoza pour les cultures africaines,
- Lissette et Manuel Rault pour les saveurs mexicaines,
- Rémi Perez pour les patates douces, le maïs, les tomatilles,
- Jean-Philippe Agnese pour les légumes japonais et Florent Simmonet pour le quinoa.

Merci à Louise, Mélanie, Marie-France, Baptiste et Léo-Paul de nous avoir ouvert les portes de leurs jardins deux-sévriens et offert des fruits et légumes mûrs à point : arbouses, nashis, grenades, kakis et arachides.

Merci aux Jardins solidaires et pluriels Vent d'Ouest de nous permettre de mener des expérimentations dans ces cultures atypiques : shiso, arachides, mais aussi pois chiches, poires de terre ou patates douces.

Merci à Alice Lothon pour ses céramiques uniques.

Un grand merci à Soni pour sa curiosité culinaire.

## La cuisine facile & bio aux éditions Terre vivante

**Je cuisine à la vapeur douce et à l'étouffée**
*Cuisson santé, saveurs préservées*
Amandine Geers et Olivier Degorce

**Je compose mes assiettes complètes**
*Pour lunch-box, repas de famille ou entre amis...*
Amandine Geers et Olivier Degorce

**Complètement tartes !**
*20 recettes de pâtes et 45 garnitures*
Amandine Geers et Olivier Degorce

**Je cuisine les plantes sauvages**
*50 recettes pour accommoder mes cueillettes*
Amandine Geers et Olivier Degorce

**Je cuisine les fleurs**
*50 recettes inattendues*
Amandine Geers et Olivier Degorce

**Le sarrasin, la petite graine aux grands effets**
*50 recettes salées et sucrées*
Marie-Laure Combini

**Je mange bio même en rando !**
*Recettes nomades pour balades, cyclo, bivouac*
Clea et Linda Louis

**Je mange sain et bio, même au boulot !**
*45 recettes et 120 variantes de déjeuners à emporter*
Marie Chioca

**Pressé, fauché, mal équipé... mais gourmand !**
*Recettes saines pour étudiants, jeunes actifs, solos*
*Marie Chioca*

**Je découvre la fermentation**
*Du vivant dans mon assiette !*
Helène Schernberg et Louise Browaeys

PEFC 10-31-1895

Achevé d'imprimer en France par Chirat (Saint-Just-la-Pendue)
Dépôt légal : avril 2021 - N° 2021033.0207